SDGs 系列講堂

# 牽動全球的
# 水資源與環境問題

## 建立永續循環的水文化，
## 解決刻不容緩的缺水、淹水與汙染問題

InfoVisual 研究所／著
童小芳／譯

SDGs系列講堂

牽動全球的水資源與環境問題

# 目次

Part 3

## 水資源危機的現實及其原因



Part 4

## 如何解決水資源問題

前言

# 「水行星」誕生40億年後面臨了危機

## 我們所生活的地球是浩瀚宇宙中迄今唯一發生水奇蹟的行星。

一般認為我們所生活的地球，大約是在46億年前誕生於太陽系中。在太陽系軌道上繞行的岩石發生碰撞，從中產生的熱能導致岩石融化，使地球化為一團火紅熔岩所形成的黏稠岩漿塊，並繞著太陽旋轉。

這顆灼熱的小型天體後來之所以變成一顆「水行星 並孕育出生命，都是拜幸運的位置所賜。太陽系中的眾行星都持續接收來自中心處的太陽的輻射能量。如果行星的位置離太陽太近，水就會蒸發；反之，如果離得太遠，水就會結冰而化為冰行星。

從這個觀點來看，地球座落在一個能讓水好好存在的絕妙位置。

地球曾是一團岩漿塊，因為與宇宙空間中無數的冰行星發生碰撞而帶來了水。地球逐漸冷卻後，岩漿中的鐵便往中心聚集而形

### 地球化作水行星並孕育出生命的40億年

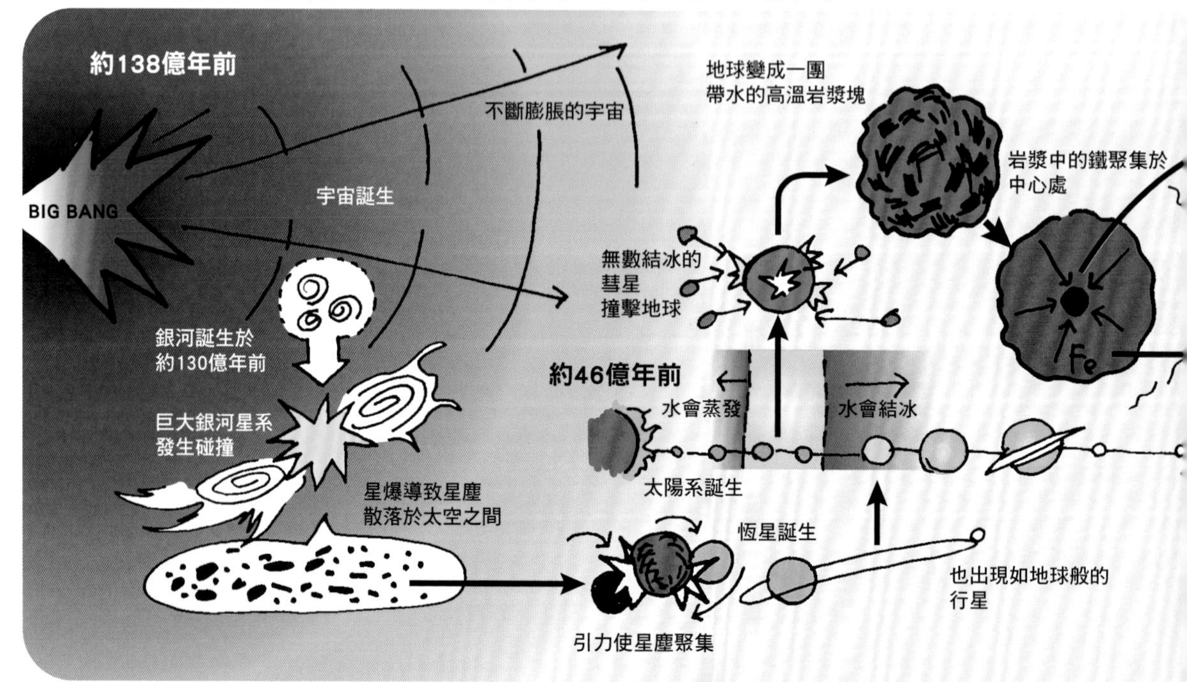

成地核（core），表面則開始出現水。這便是約40億年前，地球上形成海洋的過程。

海洋的出現為地球帶來一連串重大的轉變。首先是海洋開始吸收在大氣中占了很大一部分的二氧化碳，使得大氣的溫室效應降低，導致地球變得愈來愈冷。儘管如此，當時的海水溫度仍超過100℃，現今的生物學推測，地球上的生命很可能就是源自於這種高溫的海洋，而且是從海底有熱水湧現的地方誕生出生命的。

自從約36億年前原始生命誕生以來，生命就是這樣在水中不斷進化。並且因為多種藻類釋放大量的氧氣至大氣之中，使生命得以從水中爬上陸地。

陸地上也出現了形形色色的生物，反覆進化與滅亡。人類的祖先大約是在700萬年前誕生在這片土地上。以地球的歷史來看，我們這些所謂的智人是20萬年前才出現的新成員。

在智人登場之前，地球在這段時間逐漸形成讓生命得以生存的環境，即一套以水為核心的精密系統。水的作用是在生態系統中不斷循環流動，以進行生命體的能量代謝。地球、水與生命已結合成密不可分的系統，並持續運作至今。

然而，自從人類由大約200年前展開產業活動後，地球耗費40億年所形成的水系統開始發生異常變化。

如今地球的水系統究竟出了什麼狀況？接下來就讓我們詳細探究實際的情況吧。

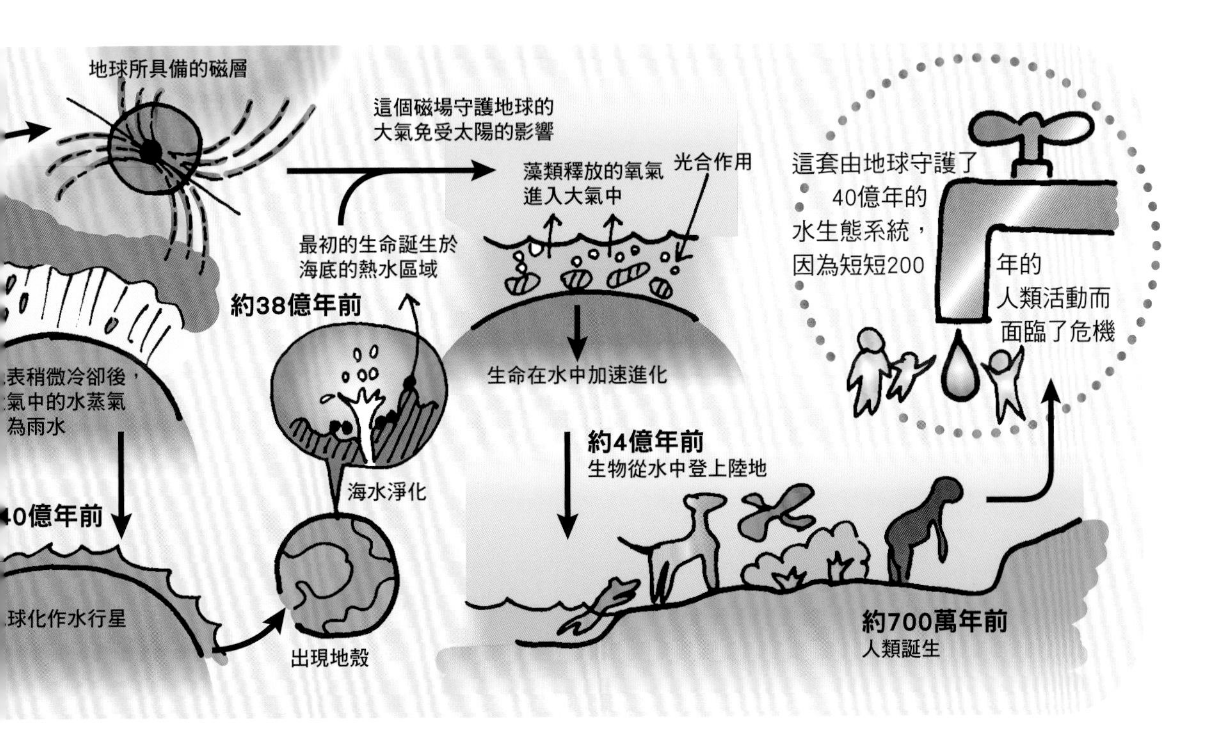

# 以地圖觀察水資源問題，世界各地皆已發生異常現象

## 與水相關的各種問題

「水」如今在世界各地都已成了一大問題。下方的地圖顯示出有哪些國家和地區已

### 民族衝突與內戰亦為水源爭奪戰

以色列與巴勒斯坦之間的紛爭，也是一場有關水源地戈蘭高地與占領地水資源的爭奪戰。
詳見 p14

### 中國所面臨的多重水資源危機

人口日益增加而水資源相對匱乏。工業化造成水資源汙染。北部的地下水面臨枯竭的危機。
詳見 p10、p16、p70

### 最嚴重的警報來自於非洲

有很多人過著沒有廁所的生活。
詳見 p24

有很多孩子必須走好幾公里的路去打水。
詳見 p26

已有許多孩童因為不衛生的水環境而死亡。
詳見 p66

### 非洲飽受長期乾旱所苦

前所未見的乾旱侵襲撒哈拉以南的各國。對農業也造成重大衝擊。

經發生與水相關的問題，即所謂的「水資源問題」。雖然統稱為水資源問題，狀況卻各有不同。最大的難題便是非洲等地日益嚴峻的水資源匱乏。缺乏飲用水會危及生命，而缺乏作物的栽培用水則會導致糧食短缺。

另一方面，與缺水相反，降雨過多也會引發嚴重的問題。日本近年來因大型颱風或豪雨所造成的災害日益增加，同樣的，世界各地也是水害連連。

自然界的異常變化也顯現在北極圈等地方，冰層融化已經導致海平面上升。不僅如此，有些水資源問題是由人類引起的。人類不斷汙染河川與海洋、超抽地下水，最後還為了河水而發生衝突。

如上所述，水資源問題的範圍甚廣，有些還彼此相關。讓我們從下一頁開始來看具體的事例吧。

## 北極圈的冰層與凍土融化

受到地球暖化的影響，北極圈的冰層已開始融化，因而觀測到海平面上升。

**詳見 p56**

## 地下水水脈枯竭使美國農業面臨危機

灌溉中西部糧倉地區的奧加拉拉含水層，正面臨再過50年就會枯竭的危機。

**詳見 p16**

## 近年，日本的水災日益增加

一般認為是暖化引起的氣候變遷所造成的顯著影響。

**詳見 p54**

海水溫度上升導致颱風有大型化的趨勢。

## 暖化改變了地球的生態系統

暖化改變了地球的水環境，頻頻導致生物物種滅絕。

**詳見 p60**

## 紐約將會因為海平面上升而沉沒!?

## 里約熱內盧也會沉沒!?

**詳見 p56**

# 明明是顆水行星，能用的水卻不多

### 僅萬分之一的水是可用的

地球又被稱為水行星。至少在太陽系之中，找不到其他行星像地球這般擁有豐沛的水資源，且存在各種多樣的生物。

據說這顆水行星上約有14億km³的水。這個數字不僅包括液態的水，還有結成冰的水，以及以水蒸氣的型態存於大氣中的水。大家可能會覺得這個量很多，但海水就占了其中的97.5%左右。因為海水的鹽分含量高，所以無法直接飲用。

那麼，地球上究竟有多少水是我們可以利用的呢？這個答案已標示在右頁下方的插圖中。

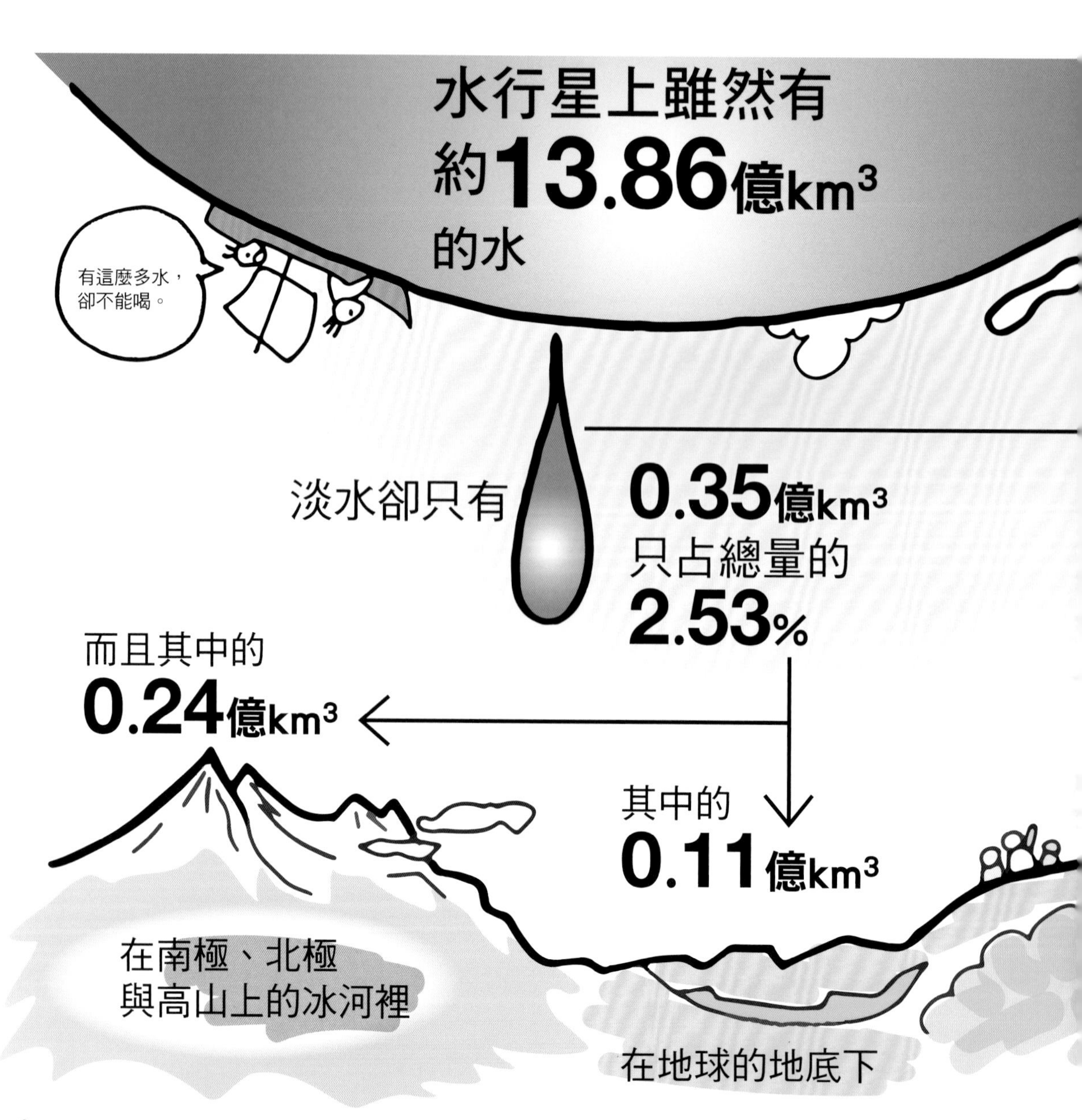

海水以外的水，即鹽度低的淡水，在地球的總水量中大約只占2.5％。而且南極、北極與高原等的冰山與冰河就占了其中近7成。第二多的是地下水，但因深埋於地底而無法輕易使用。如此一來，只有河川、湖泊或沼澤這類地表上的水，是以便於人類運用的狀態存在。這些大約為10萬km$^3$，只占地球總水量的萬分之一。

地球上的所有生物，共享著這些有限的水。對生物而言，水是維持生命不可或缺的物質，然而人類的用水量極大，不光是飲用水，還有沐浴、洗滌與如廁等生活用水，以及農業與工業等產業用水。不僅如此，上述的使用量正隨著全球規模的人口成長而逐年增加。

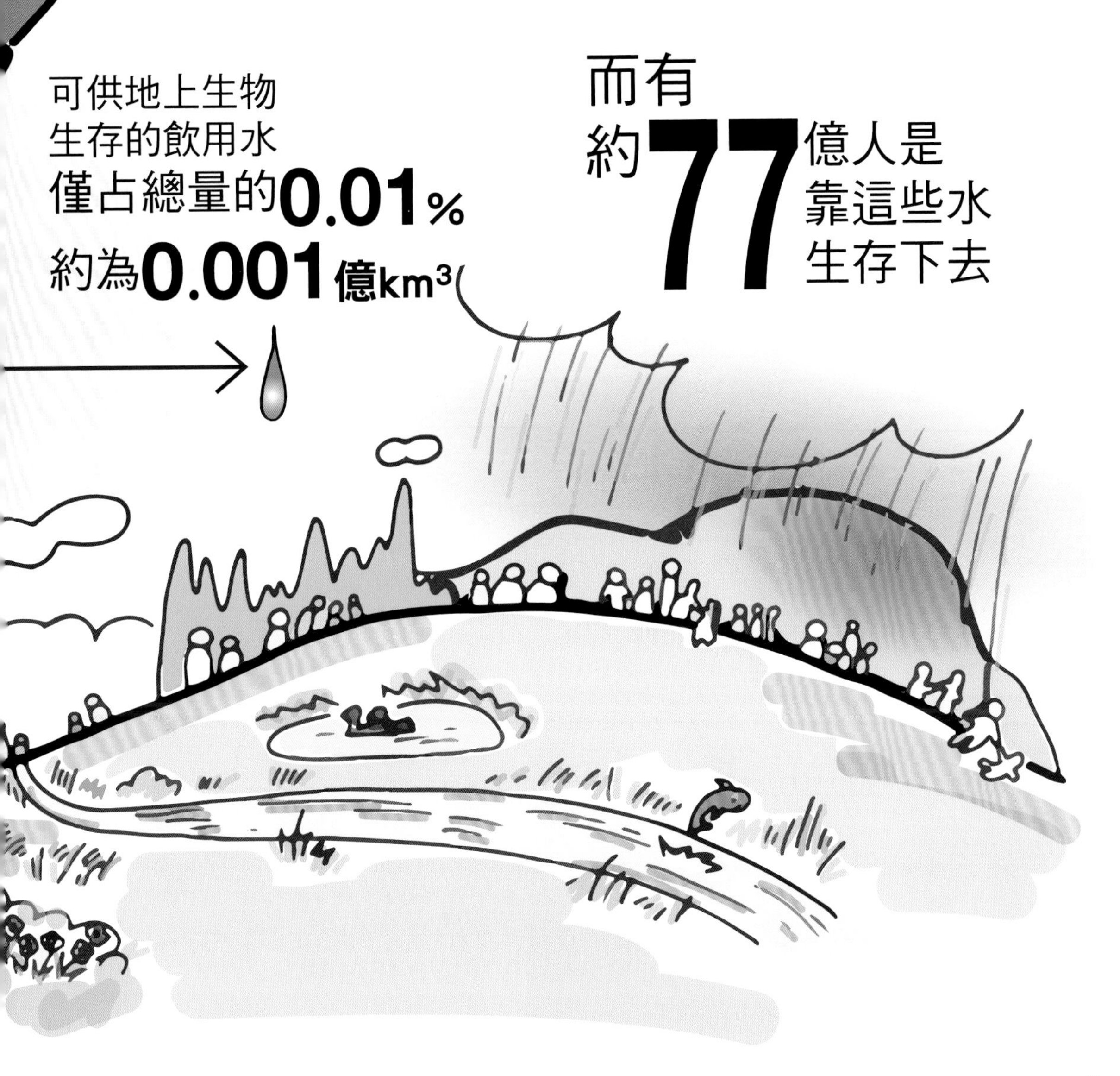

# 世界上的水資源分配並不平等

### 水資源多的地方與人住的地方並不一致

地球上可使用的水是有限的，但是水量足以供應世界上的每一個人。然而，世界各地仍有不少人並未充分獲得水的恩惠。

降雨量會影響可用水量。如下方地圖所示，地球上有些地區會大量降雨或降雪，但也有些地區幾乎不會降雨或降雪。水資源聚集的地方是不平均的，結果便造成全球水資源明明很充裕，水量卻因所在地的不同而有不平等的狀況。

下方地圖所示的各國「人均可用水資源量」，便成了衡量是否有充足可用水量的一項指標。

## 並非水資源不足，而是因為各種理由使世界上的水資源分配如此不平均

**理由1**
人口密度與降雨量之間不平均

**理由2**
地球暖化造成氣候變遷

**理由3**
都市人口擴大與水需求驟增

**理由4**
地區衝突引發水資源之爭

**理由5**
急速的工業化造成水資源汙染

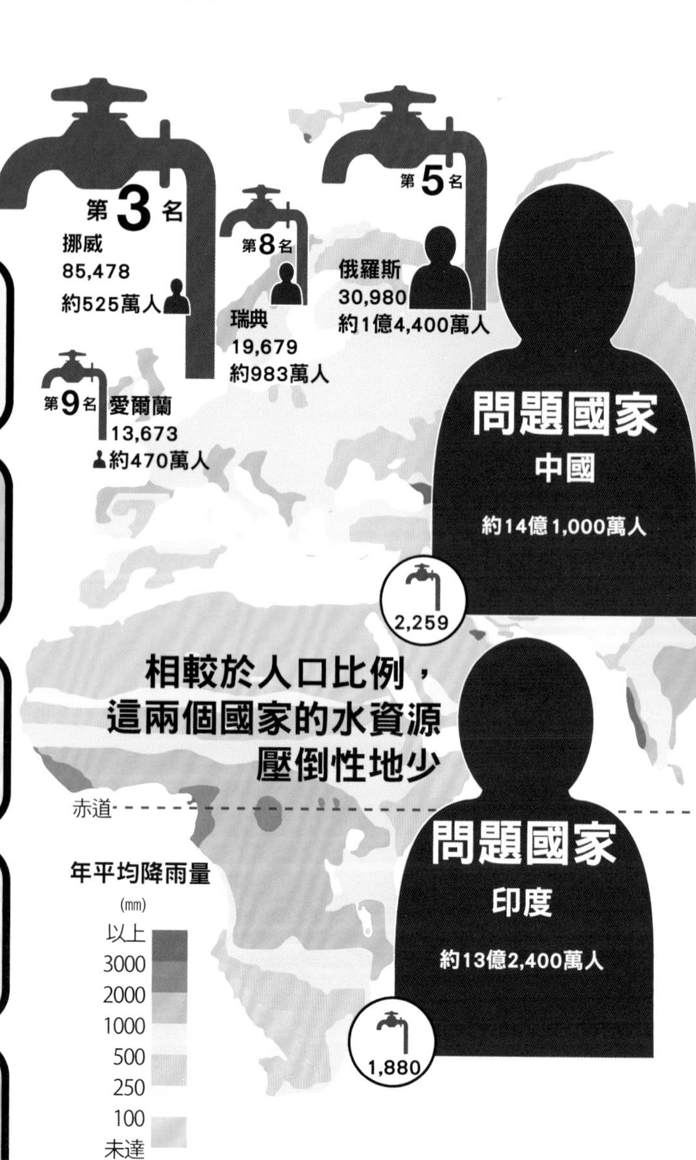


人均水資源量取自FAO（聯合國糧食及農業組織）的「AQUASTAT2003」
人口取自WHO（世界衛生組織）2018年的人口統計

在生活用水、農業、工業以及發電等方面所需要的水資源量，最低基準為每年每人1700m$^3$。低於這個水量的狀態即為「水資源壓力」，而低於1000m$^3$稱為「缺水」，若再下探至500m$^3$，則為「絕對缺水」。這裡所說的水資源壓力，是指實際的水資源量稱不上充足的狀態，不過有時也會用這個詞彙來表示包含虛擬水（參照p24）等在內的綜合性水資源危機。

水資源不足的國家與降雨量少的地區幾乎是重疊的。必須留意的是，即便是水資源豐沛的國家，也不表示水會平均分配給所有人。舉例來說，巴西是水資源最多的國家，但是很少有人會居住在水資源豐沛的亞馬遜熱帶雨林中，人口都是集中在水資源較少的沿岸地區。即便是在同一個國家內，有水的地方也不一定是人們居住的地方。

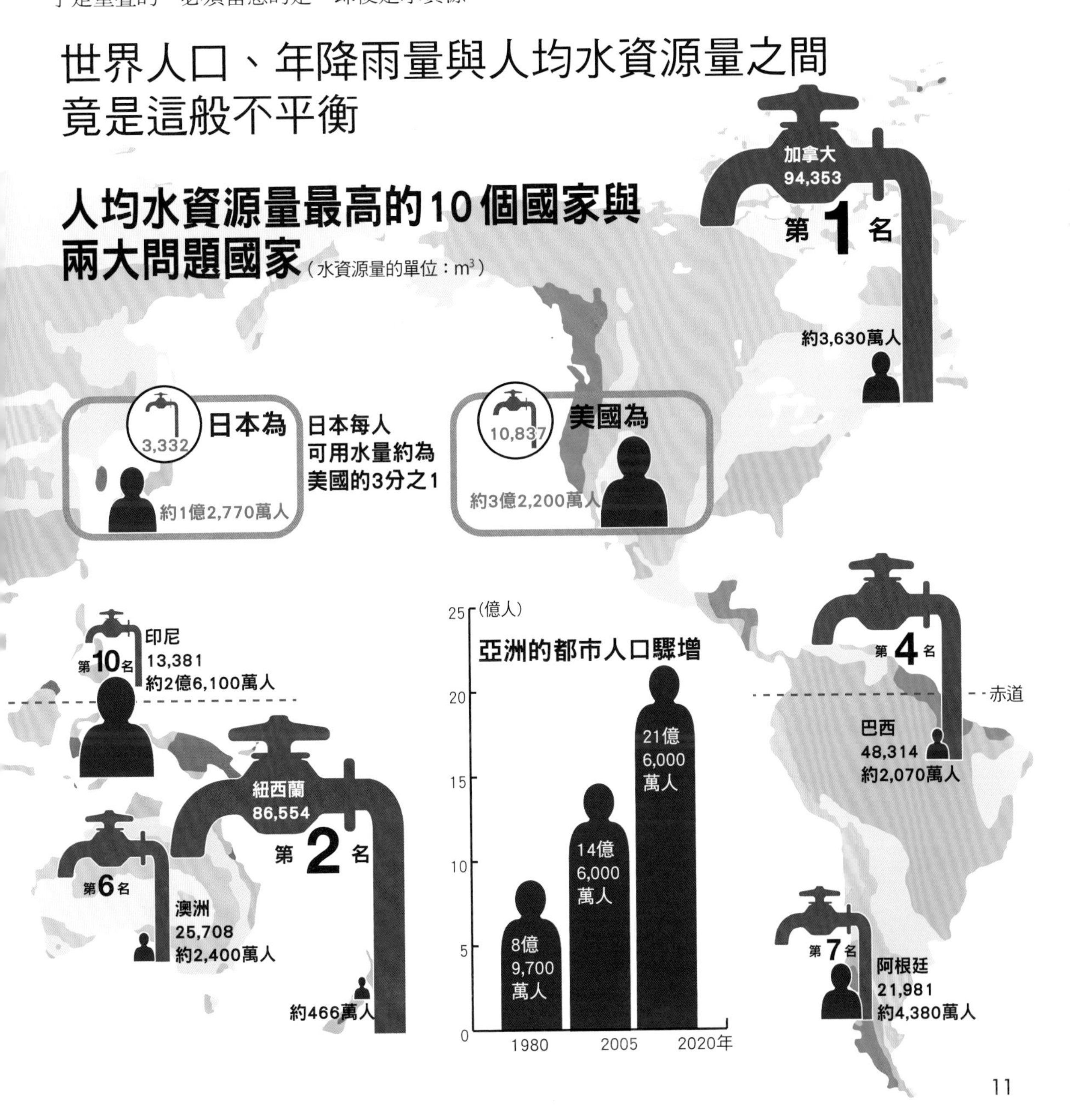

# 水災逐年增加，水勢日益凶猛的原因為何？

## 世界各地相繼遭受洪水災害

近年來，日本因為威力猛烈的颱風或局部性大雨所造成的水災持續增加。令人記憶猶新的是2019年10月登陸日本的第19號颱風，當時在關東甲信地區與東北地區降下大雨，引發河川氾濫與土石流等，造成嚴重的災害。

這類狀況並不僅是發生在日本。2002年，歐洲因豪雨引發大洪水；2005年，強烈颶風「卡崔娜」侵襲美國，淹沒無數房屋，造成史上最大規模的經濟損失；亞洲的緬甸也於2008年遭到氣旋「納吉斯」重創，造成近14萬人死亡或失蹤。

## 世界各地的洪水災害持續增加

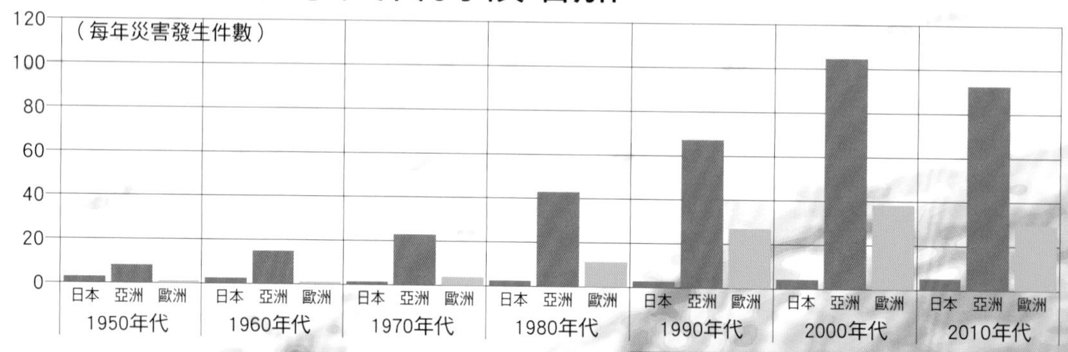


**1 2005年（美國）颶風：卡崔娜**

導致湖泊與工業水渠上的堤防崩塌，新奧爾良約80%的街道沒入水中。出現災情的所有地區加總起來，全州的死亡人數高達1800多人。

遭淹沒的新奧爾良市街

**2 2012年（美國）颶風：珊迪**

造成紐約州與紐澤西州的都市地區淹水，大眾交通工具也停止運行。曼哈頓一帶陷入停電，證券交易所的交易也被迫暫停了2天。

**3 2019年（盧卡雅群島）颶風：多利安**

創下了颶風指標中最高強度「5級」的紀錄。時速為8～9km，緩慢的行進速度擴大了災情，約有7萬人因強風豪雨而失去了家園。

颶風直撲盧卡雅群島與邁阿密

## 人類擴大了災情？

根據比利時天主教魯汶大學災害流行病學研究中心的調查，自21世紀以來，洪水發生的次數急速地增加。水災是無法避免的自然災害之一，但是一般認為其發生頻率之所以逐年增加且強度不斷增強，是受到地球暖化引發氣候變遷的影響。關於這一點，在p54～55會逐一詳細地探究。

此外，水災的損害規模愈來愈大，也和人類透過開發而改變了自然環境有關。堤防與水壩限制了河川的自然流動，森林砍伐破壞了雨水的吸收，都市柏油化則妨礙了排水等，各種原因正導致災情持續擴大。

# 為了水的使用權，世界各地皆發生水資源之爭

## 21世紀是水資源戰爭的時代

有別於日本這樣的島國，許多國家的國境都與鄰國接壤。跨越國境流經多個國家之間的河川被稱為國際河川，其流域內的各國彼此共享著水資源。然而，當水在上游被汙染，或是河川遭到攔阻，下游就會無法利用這些水。自古以來反覆爆發水資源之爭便是因為這些緣故。

1967年的第3次中東戰爭，原本是始於猶太國家以色列與阿拉伯國家巴勒斯坦之間的民族紛爭，不過在乾燥地區實際上演的卻是一場場互搶珍貴水資源的爭奪戰。以色列占領了水資源豐富的約旦河西岸地區與戈

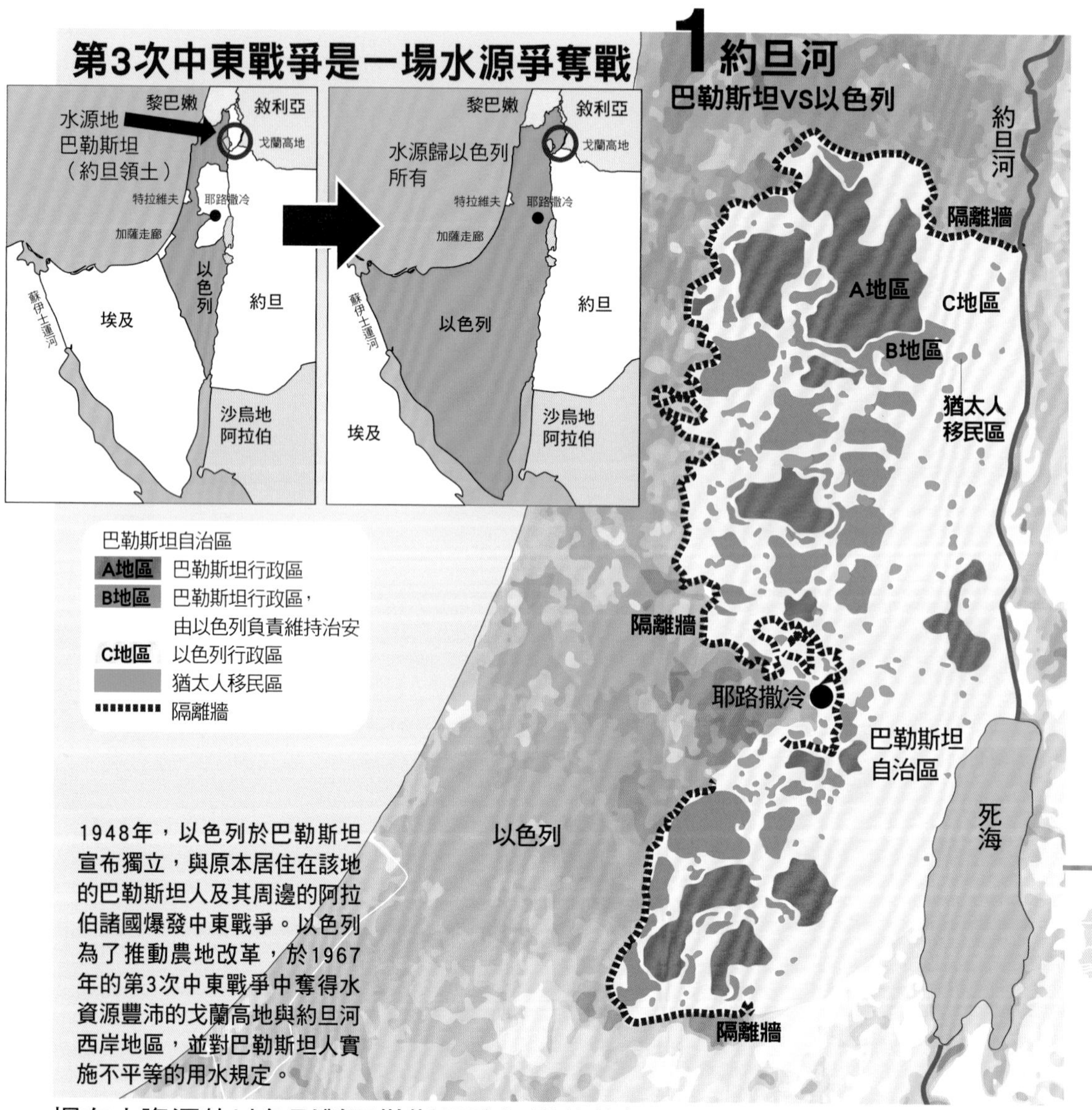


握有水資源的以色列對巴勒斯坦強加嚴苛的供水條件，其分配到的水只有以色列的3分之1。

蘭高地等，並贏得勝仗，自此之後便掌控著這些地區的水資源。巴勒斯坦人在用水方面明顯受到限制，因而產生水資源分配不均的問題。

埃及文明發祥地的尼羅河流域，長久以來都持續有水資源的紛爭。尼羅河流經非洲11個國家，是一條又大又長的河川，根據殖民時期的協議，下游的埃及與蘇丹握有水的使用權，與衣索比亞等上游國家之間形成對立。

同樣的，位於底格里斯河與幼發拉底河流域的土耳其、敘利亞與伊拉克，以及位於印度河流域的印度與巴基斯坦，也都為了水權而針鋒相對。至於中亞，則因為蘇聯時期毫無計畫的灌溉方式，以及在蘇聯解體後紛紛獨立的流域內諸國都在搶奪水源，導致鹹海瀕臨枯竭。

這類水資源之爭已在各地上演，甚至還出現這樣的說法：如果20世紀是石油戰爭的時代，那麼21世紀將會是水資源戰爭的時代。

## 世界上爆發水資源紛爭的地區

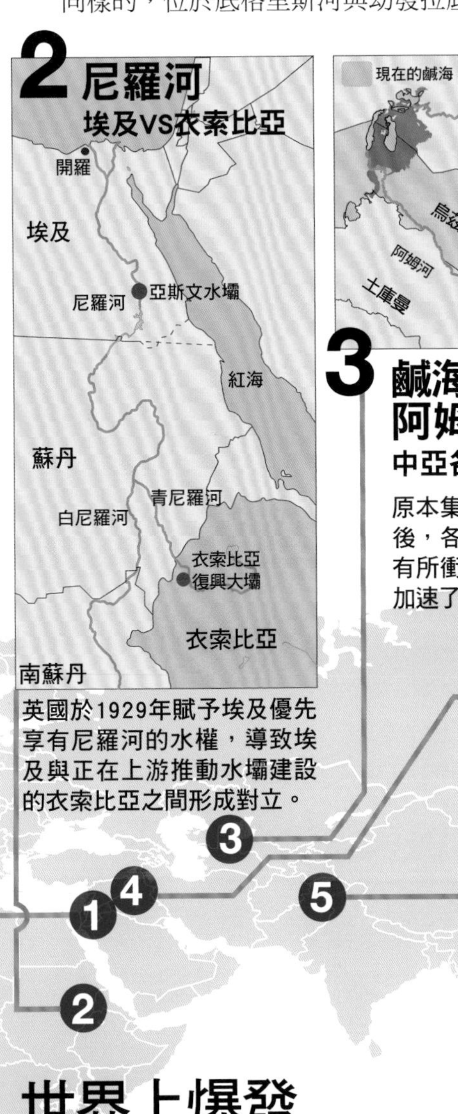


### 2 尼羅河
**埃及VS衣索比亞**

英國於1929年賦予埃及優先享有尼羅河的水權，導致埃及與正在上游推動水壩建設的衣索比亞之間形成對立。

### 3 鹹海、錫爾河與阿姆河
**中亞各國的水資源之爭**

原本集中管理水源的蘇聯解體後，各個獨立國家之間的利害有所衝突而引發水資源之爭，加速了鹹海的枯竭。

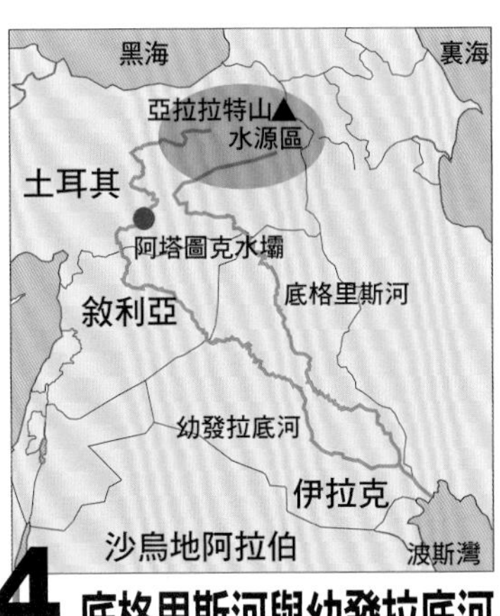


### 4 底格里斯河與幼發拉底河
**土耳其VS敘利亞與伊拉克**

土耳其藉由興建水壩來掌控水源，導致位於下游的敘利亞與伊拉克陷入缺水困境。這三個國家的水資源之爭已延續半世紀之久。

### 5 印度河
**印度VS巴基斯坦**

自1947年脫離英國獨立以來，水資源之爭未曾停歇。如今仍為了印度興建發電廠一事而衝突不斷。

# 美國與中國兩大經濟大國的水資源將耗盡!?

## 美國持續使用的地下水正在枯竭

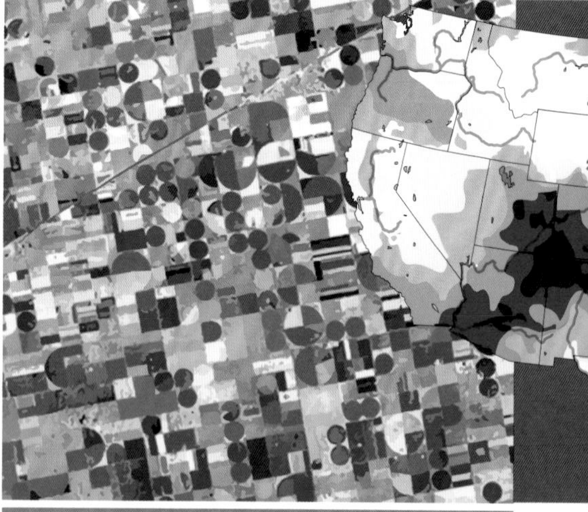

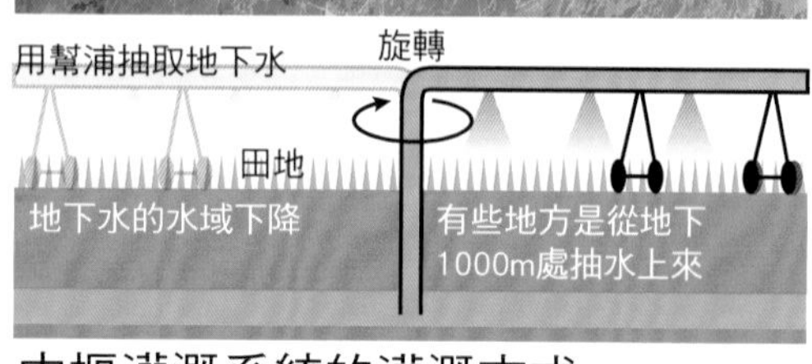


中樞灌溉系統的灌溉方式

支撐美國中西部農業的地下水灌溉方式。以抽水口（樞軸）為中心來旋轉，如畫圓般灌溉田地。

### 美國的灌溉農業已瀕臨極限

肩負美國農業的糧倉地區，如今出現了異常變化。利用強勁幫浦抽取地下水，再以旋轉式噴水設備來噴灑，據說這種名為「中樞灌溉耕作法」的灌溉農業，導致各地的地下水即將枯竭。

受到最嚴重衝擊的，就屬位於美國中部的奧加拉拉含水層，它是世界規模最大的地下水層。過度抽取地下水導致有些地區的地下水水位每年下降達1.5m，據說再這樣下去，50年後就會枯竭。這些歷經幾萬年儲存於地下的水，將會在短短數十年間消失。

### 中國人口成長勢必導致水資源短缺

另一方面，中國擁有7條大河，看似得

# 中國缺水問題嚴重的箇中原由

美國總是為
日常的日照量
所苦

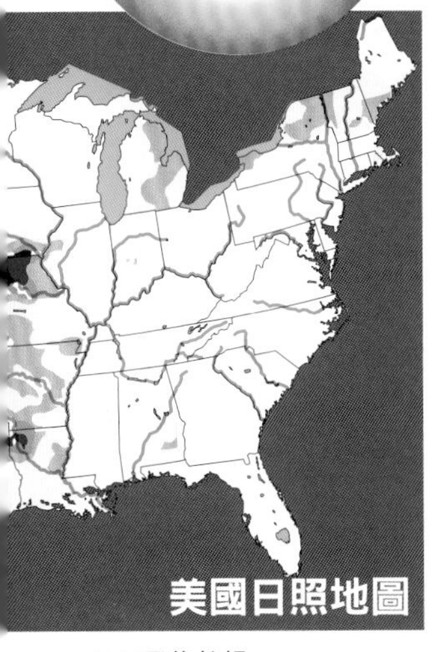


日趨乾燥
尋常的乾燥
異常乾燥
嚴重乾燥
史無前例的異常乾燥

## 1 相對於人口，本來水就比較少

中國占了
世界人口的
約20%

卻只有全球
淡水資源的
6%

若人口再
繼續增加，
到了2030年
便會達到
16億人

水資源壓力線為
1700m³

也有預測指出，
人均水資源量
將會降至
1760m³，
瀕臨水資源
壓力的邊緣

## 2 中國的水資源本來就集中於南部

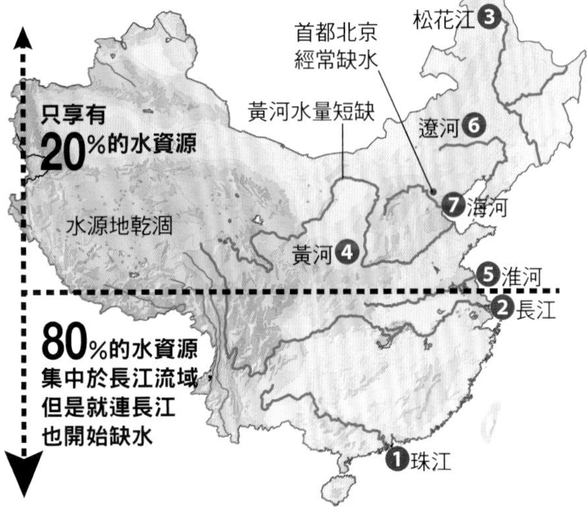


## 3 水資源不斷受到汙染

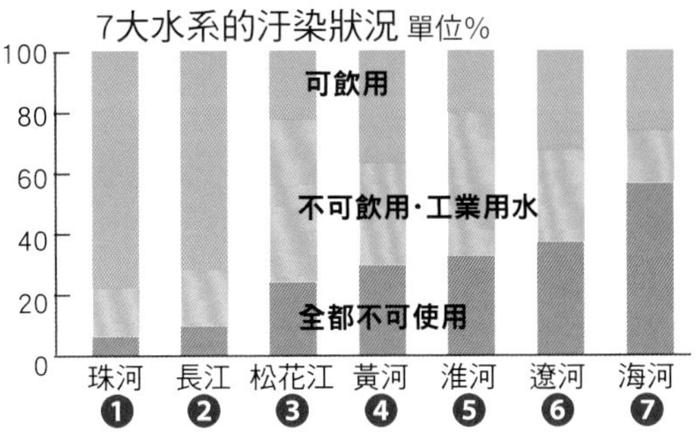


天獨厚，實則約有8成的水資源都集中於長江與珠江流經的南方，降雨較少的北方則飽受嚴重水質汙染與缺水之苦。

最大的問題在於，人均水資源量太少。中國人口約為14億人，大約占世界人口的20%，相對於此，水資源卻只占全球總量的6%。根據估算，如果人口再繼續增加下去，到了2030年便會達到16億人，人均水資源量將會逼近水資源壓力的程度。

倘若2個經濟大國陷入嚴重的缺水困境中，屆時對世界造成的影響將不可估量。

# 以水為業的水企業遍布全球

## 可預見水業將會急速成長

20世紀被稱為石油的時代，由7家大型石油企業主宰著世界。21世紀有水的時代之稱，而動向備受矚目的則是不斷透過與水相關的業務來拓展業績的水企業。

所謂的水業，不光是像瓶裝水這類賣水的事業，還含括經手農業用水、工業用水、上下水道與水處理等各式各樣的業務，形成一個全球總計超過50兆日圓的龐大市場。其中規模較大且預計還會快速成長的，便是上下水道的建設、管理與營運等相關領域。

如今缺水與水質汙染在世界各地成了嚴重的問題。因此，對於輸送安全飲用水的專用設備與提供該服務的事業，需求正在日益增加。

## 以兩大水企業為主的競爭加劇

法國的威立雅集團與蘇伊士集團是聞名

德國
Siemens
西門子公司

設立於1847年的大型綜合電機製造商。收購了威立雅集團旗下的水企業，在美國與中國等地展開水處理事業，但在2013年縮小了業務規模。

法國
Veolia
威立雅集團

**Veolia　世界最大的水企業**
1853年，根據拿破崙三世發布的法令而設立於里昂的自來水公司。為歐洲、中國與美國等全世界超過1億3000萬人供水。

往南美擴展

印度
VA Tech Wabag

印度最大的水處理企業，其前身是設立於1924年的德國企業。業務範圍還拓展至東南亞、中東與非洲。

法國
Suez
蘇伊士集團

**Suez　世界第二大的水企業**
成立於1880年，供應坎城的自來水、電力與天然氣。除了法國國內，業務還拓展至西班牙、中國、印度、美國與中南美等地。

往南美擴展

新加坡
Hyflux
凱發集團

設立於1989年。集團具備高端水處理技術，以新加坡為據點，業務還拓展至中國、中東與非洲等地。

**2025年**
**水業的結構與市場規模之預測**

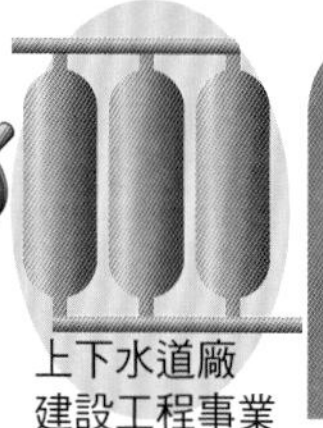

逆滲透膜等資材的製造與販售事業 詳見p81

上下水道廠建設工程事業

水道系統管理營運事業

**全球市場超過111兆日圓的事業**

世界的兩大水企業，亦可說是自來水事業的先驅。日本的上下水道一般都是由自治體統一管理與營運，而法國則是由以這兩大公司為首的民間企業承包國內一半以上的自來水事業。

威立雅原本是為了負責里昂市的自來水事業而於1853年設立的，另一方面，蘇伊士則是為了供應坎城市的自來水、天然氣與電力，而於1880年成立的公司。兩者皆具備悠長歷史與實際成果，且不僅僅只是法國國內，其業務還拓展至歐洲、美國與中國等地，左右著世界的自來水民營化市場。

除了這兩家公司外，像德國的西門子公司與美國的奇異公司這樣的大型企業也開始加入水業的行列。甚至還在各國催生出在地的水企業，加劇了水業的競爭。

## 大型水企業展開與自來水相關項目的霸權之爭

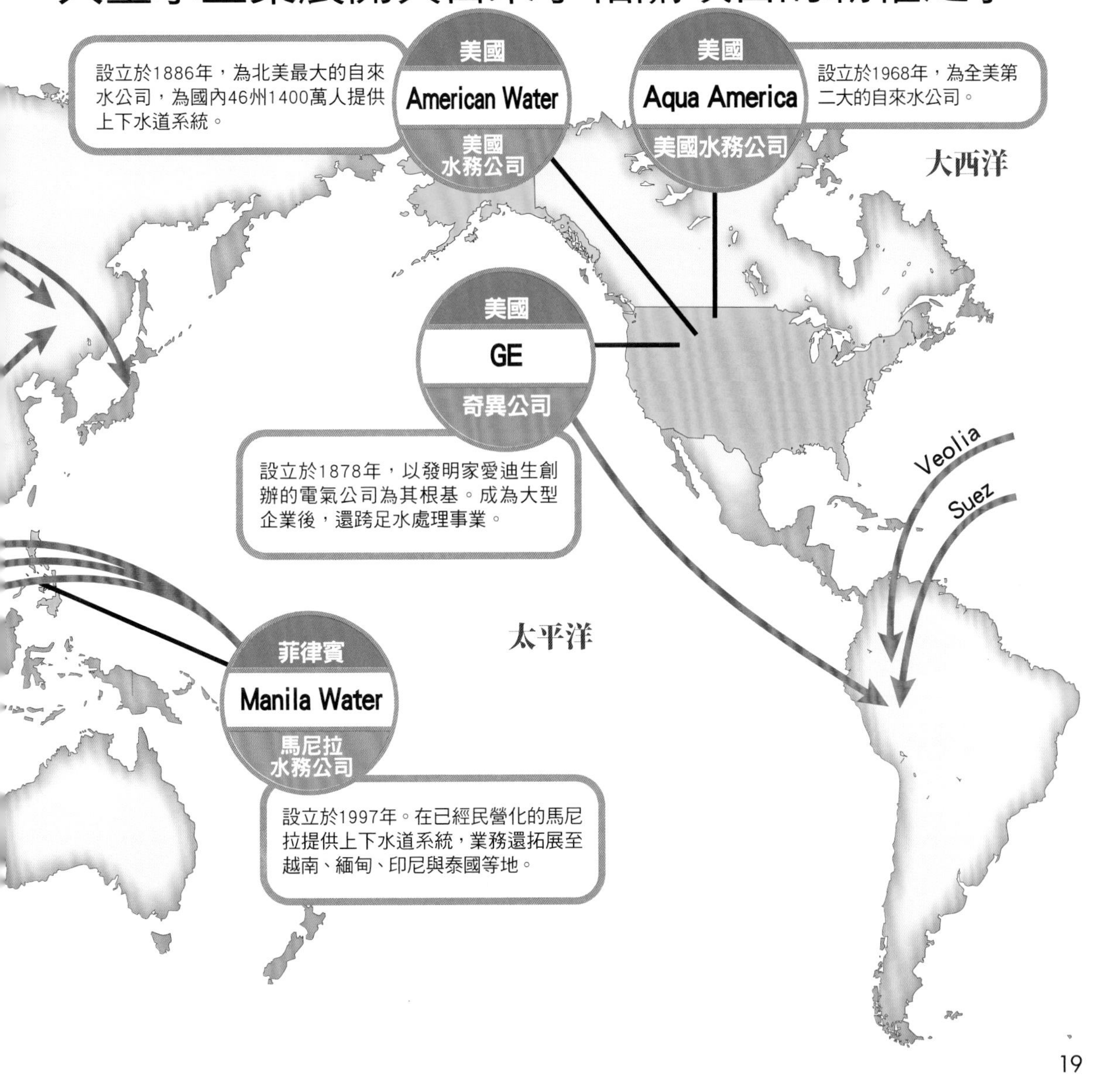

# 瓶裝水的市場不斷擴大，世界上的水歸誰所有？

## 各種環境相關問題層出不窮

近年來，隨著人們的健康意識高漲，被認為安全且對身體有益的瓶裝水的需求正急速增加。因此，擁有各種飲用水品牌的全球化企業，以及主要在國內拓展市場的大小在地企業都紛紛加入該行列，展開一場場水源爭奪戰。

在全球人口最多的中國，瓶裝水的消費量有爆發性的成長，如今已占全球總量的4分之1。中國的水源汙染已成一大問題，因此在此之前的瓶裝水大部分都是仰賴進口。近年來，中國企業試圖挽回頹勢，開始在其他國家收購水源，或是興建飲用水工廠來抽水，已經造成了一些問題。

在瓶裝水消費量居世界第二的美國，飲用水製造商與在地居民之間也為了國內各地的水源而引發訴訟糾紛。人們開始對企業壟斷地下水與泉水等地區水源，並制定價格來販售的舉動提出了質疑。

除此之外，為了生產一瓶瓶裝水，從寶特瓶的製造、運輸到廢棄為止，不但消耗了不少能源，大量的寶特瓶最終還會成為海洋垃圾，也被視為一大問題。為此，飲用水製造商紛紛著手維護水源的環境並回收寶特瓶等，另一方面，「不買水」運動在世界各地遍地開花，掀起陣陣漣漪。

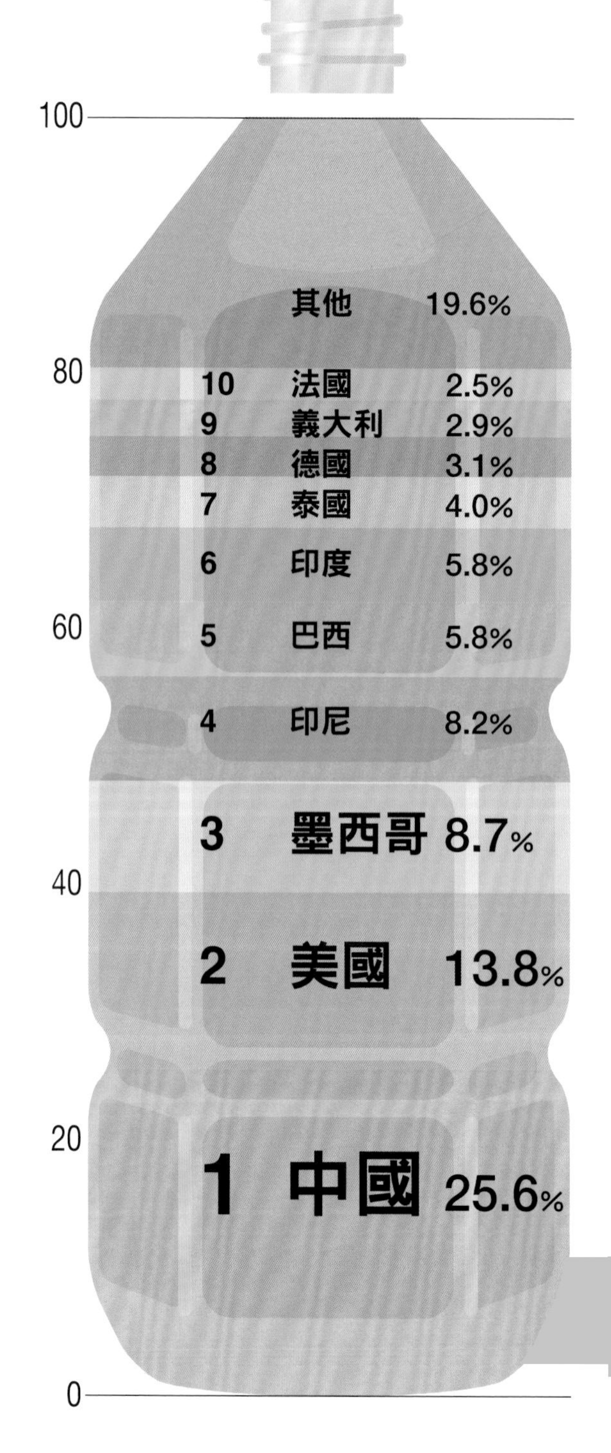

# 持續擴大的瓶裝水市場

2017年為
**2,385億美元**
**預測**2021年會達到
**3,500億美元**

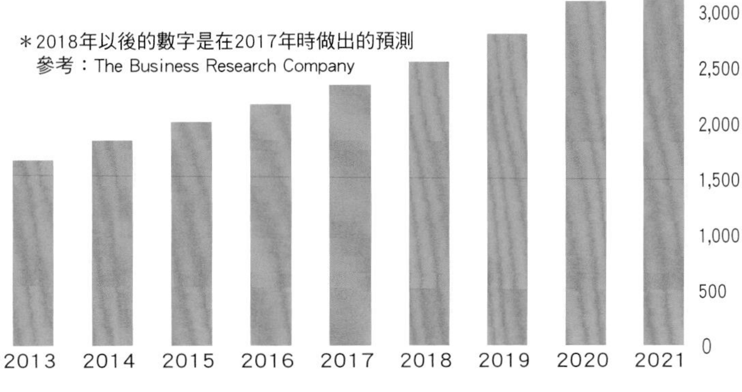


# 瓶裝水的主要企業與水的品牌

**雀巢**
總公司設在瑞士，是全球最大的食品飲料製造商。
在瓶裝水市場中的市占率為世界第一。

**達能**
總公司設在法國，為大型食品飲料製造商。
在瓶裝水的銷售額上緊追在雀巢之後。

**Contrex**
**（礦翠）**
水源來自18世紀在法國孔特雷克塞維爾發現的泉水，含有豐富的礦物質。

**Perrier**
**（沛綠雅）**
水源來自法國的韋爾熱茲。其歷史始於19世紀，於全球140多個國家販售。

**Evian**
**（依雲）**
水源來自法國的埃維昂萊班。發現於18世紀，也被用來治病。

**Volvic**
**（富維克）**
水源來自法國的沃爾維克，主要於歐洲等60個國家販售。

**Vittel**
**（法維多）**
水源來自法國的維泰勒，於80多個國家販售。

**Sanpellegrino**
**（聖沛黎洛）**
水源來自義大利的聖沛黎洛，於全球150多個國家販售。

**Aqua**
印尼當地的主要品牌，於1998年納入達能旗下。

**Bonafont**
墨西哥的主要品牌，於1995年納入達能旗下。

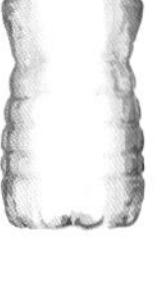

**Poland Spring**
**（波蘭泉水）**
美國的主流飲用水品牌，利用緬因州境內的多個水源。

**Minere**
**（米內爾）**
自1992年開始販售，在泰國屬於中價位品牌。

**可口可樂**
美國的清涼飲料水製造商。
志在從碳酸飲料轉型為綜合飲料製造商。

**Dasani**
**（達沙尼）**
美國第一品牌。在南北美、亞洲與非洲都有販售。

**I Lohas**
**（伊呂波樂活水）**
自日本7個地方取水，並於韓國、台灣與泰國等10個國家販售。

**杭州娃哈哈**
中國最大的飲料製造商。取消與達能的合資案之後，發展持續躍進。

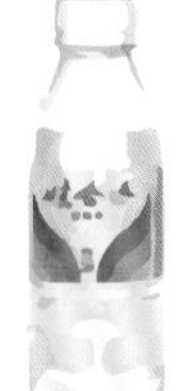

**娃哈哈**
稱霸中國的瓶裝水市場。

**Kinley**
自2000年販售以來，已成為印度的主要品牌。

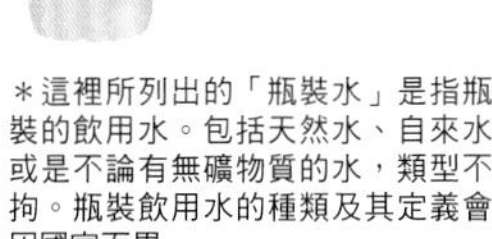

＊這裡所列出的「瓶裝水」是指瓶裝的飲用水。包括天然水、自來水或是不論有無礦物質的水，類型不拘。瓶裝飲用水的種類及其定義會因國家而異。
舉例來說，根據歐盟所訂的基準，「天然礦泉水」是指直接取自地下水，未經殺菌處理、維持天然狀態的水。另一方面，日本則規定必須經過過濾與加熱殺菌。

# 在全球間移動的水資源：虛擬水

## 進口糧食意味著奪取他國的水

瓶裝水並非唯一跨越國境來買賣的水。

日本的糧食自給率低，只有40％，因此持續進口大量的糧食。生產糧食需要大量的水，而進口糧食就等同於進口生產該糧食所使用的水。

如果要在自己的國家生產與進口品相同的產品，需要多少水呢？「虛擬水（Virtual Water）」便是利用數字來呈現這一點。日本是水資源十分豐沛的國家，但是在世界資源研究所的評估中，卻被視為「水資源壓力高的國家」。原因在於日本一年會進口高達約800億$m^3$的虛擬水。這個數字幾乎與日

### 日本依品項劃分的虛擬水使用量

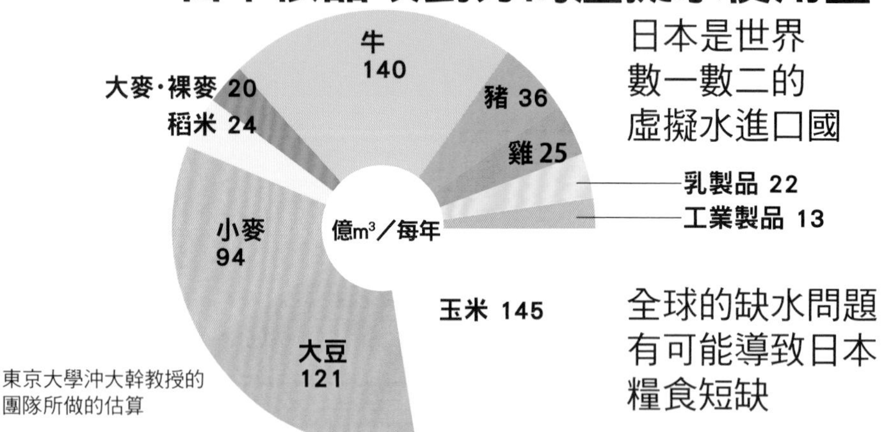


### 出口虛擬水至日本的國家及其出口量

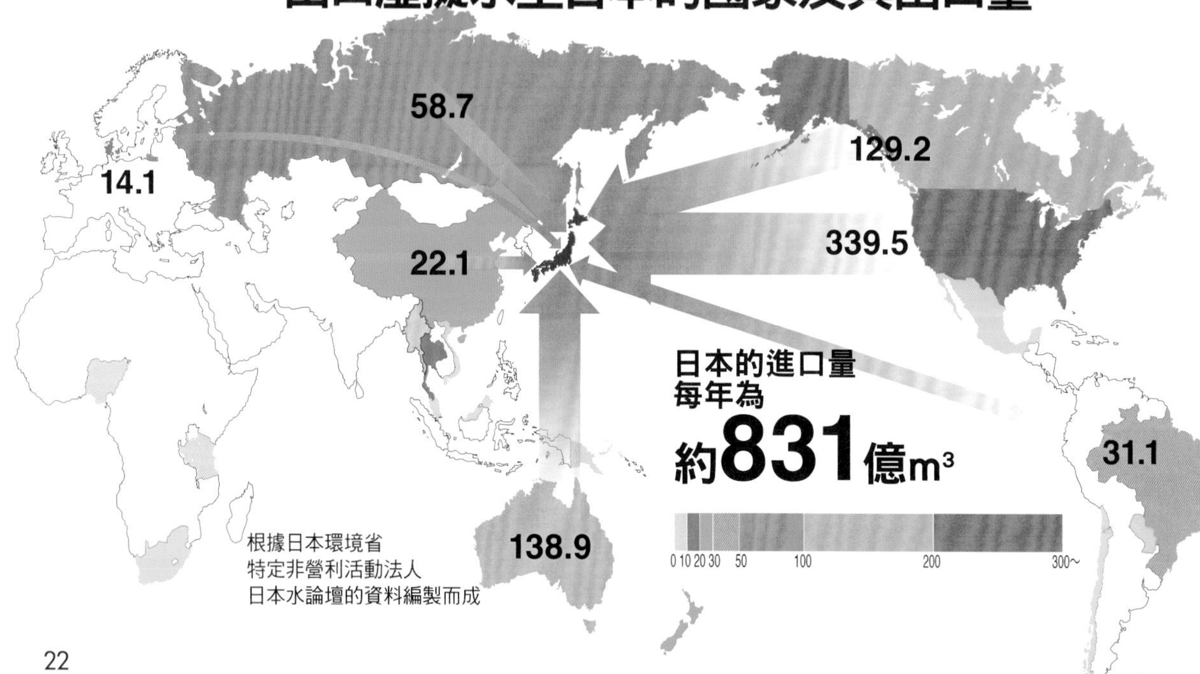

本國內一年的用水量一致。光是日本不需要用到這麼大量的自己國內的水，就可以說它奪取了其他國家的水資源。全球性的缺水問題絕非事不關己，我們無法推得一乾二淨。

## 生產過程中所使用的隱形之水

另一方面，所謂的「水足跡（Water Footprint）」則是用來呈現產品從生產至廢棄的過程中，總共使用了多少水。即便是同一種產品，使用什麼樣的水資源、用了多少量，以及採取什麼樣的方式進行生產，用水量也會有所不同。如今有許多全球性的企業，在保護水資源的方針下，對於水足跡都很重視。也有愈來愈多企業開始公開自家產品的水足跡，他們著手檢查產品的用水量，並重新審視生產程序，這些都有助於防止過度用水。

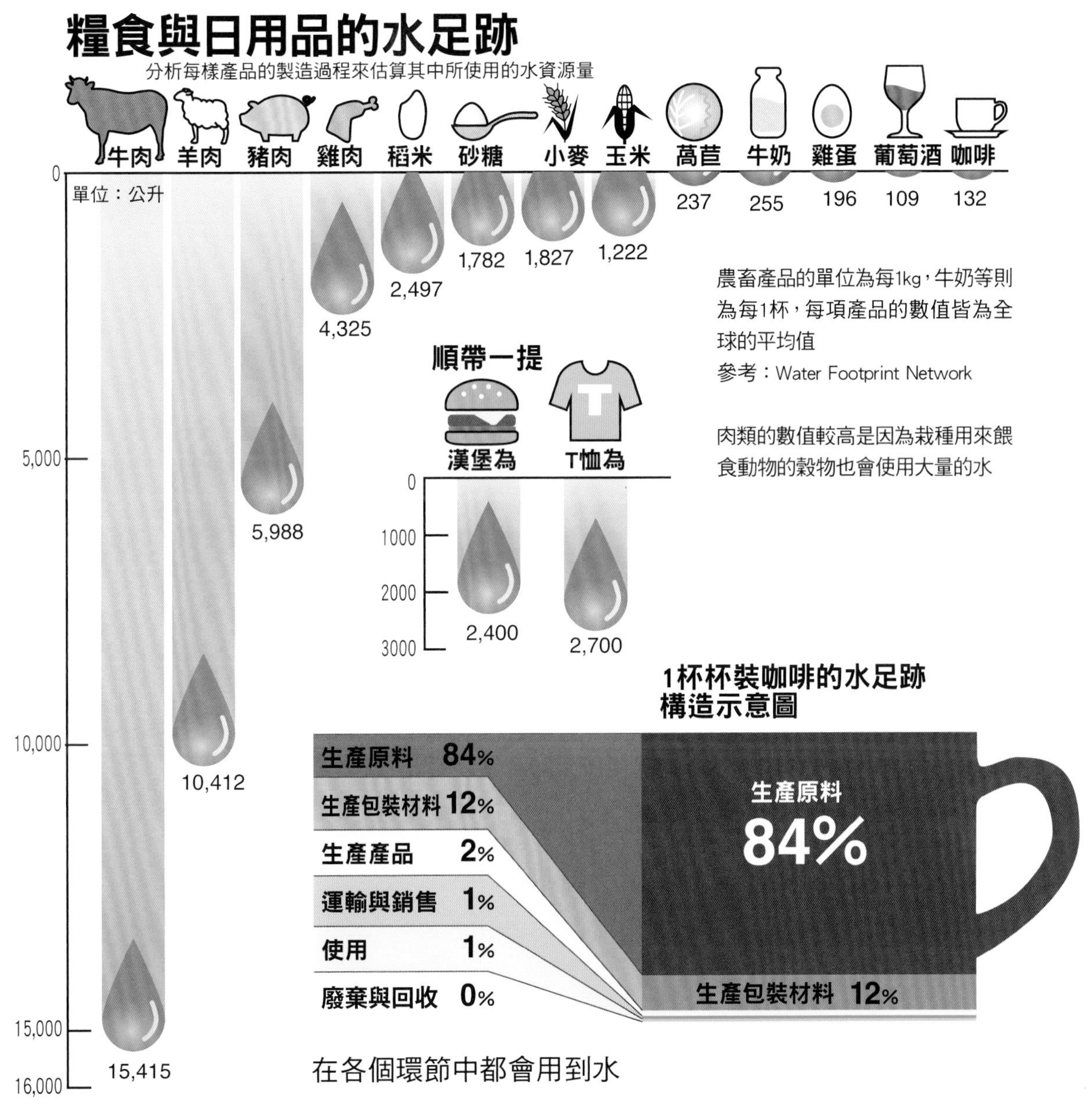

# 有些國家還需要400年才能讓衛生的廁所普及

## 有9億人無廁所可用

下方的圖表顯示出世界各地的人們使用著什麼樣的廁所。圖中所說的「受到安全管理」的廁所，是指有好的設備可以安全處理排泄物的廁所。「基本」的廁所是指經過設計，得以確保隱私與避免讓人接觸到排泄物的廁所。而「未經改良」的廁所則是指沒有踏板的蹲坑式便池，或讓排泄物直接落入河川或水池的便池。

看這張圖表便可得知，我們平常使用的「受到安全管理」的廁所不到4成，而「基本」的廁所低於3成，其餘3成以上的人都沒有適當的廁所可用。其中有多達近9億人連廁所都沒有，是在戶外解決大小便。

在廁所普及方面落後的都是非洲與亞洲這些存在貧困與紛爭等問題的開發中國家。據說多哥要到2449年、迦納則是要到2428年，才能讓所有家庭都有適當的廁所可用，換言之，還要花400年以上的時間。

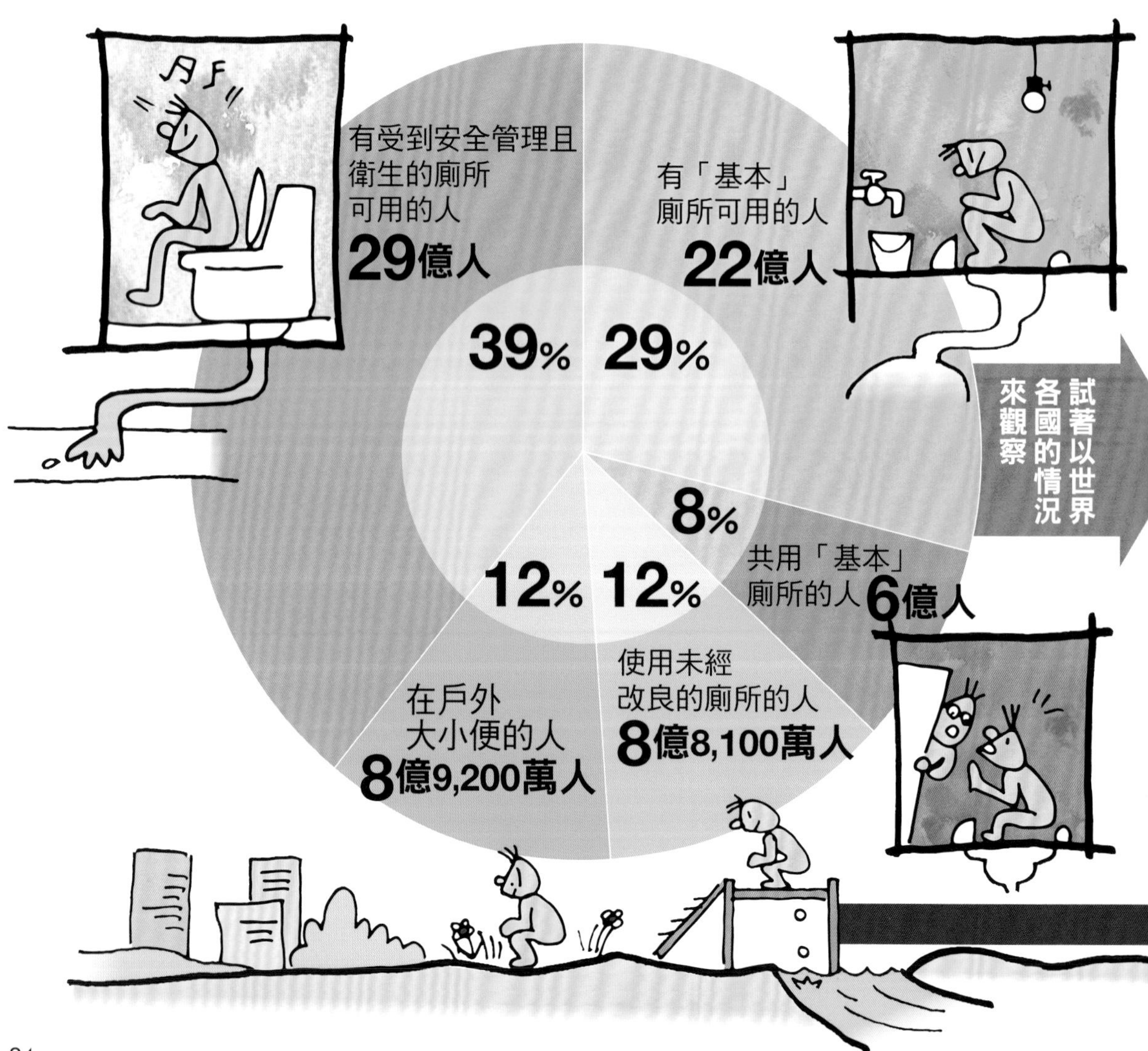

## 需要的是符合國情的廁所

令人感到意外的是，在戶外如廁人數最多的，竟是已經達成經濟成長的印度。儘管印度政府致力於廁所的普及，但是目前仍有5億多人在戶外大小便。原因在於印度牢不可破的種姓制度，而處理汙穢之物被視為身分最低賤者的工作。即便在沒有下水道的地區設置抽水式廁所，也因為沒有人想管理，而被放著不用。

在國情如此的印度，便於管理的日本製簡易式廁所目前已經獲得接納。此外，在資金與水都匱乏的國家，需要的是無須大規模施工也不需要大量用水的廁所，例如可積存排泄物來充當肥料的堆肥式廁所，或是有通風設備的蹲坑式便池等。我們平常所使用的沖水式廁所雖然很衛生，但缺點是耗水量太大，所以對任何國家而言不見得就是最佳的廁所。

### 依國家劃分，有受到安全管理且衛生的廁所可用的人的比例

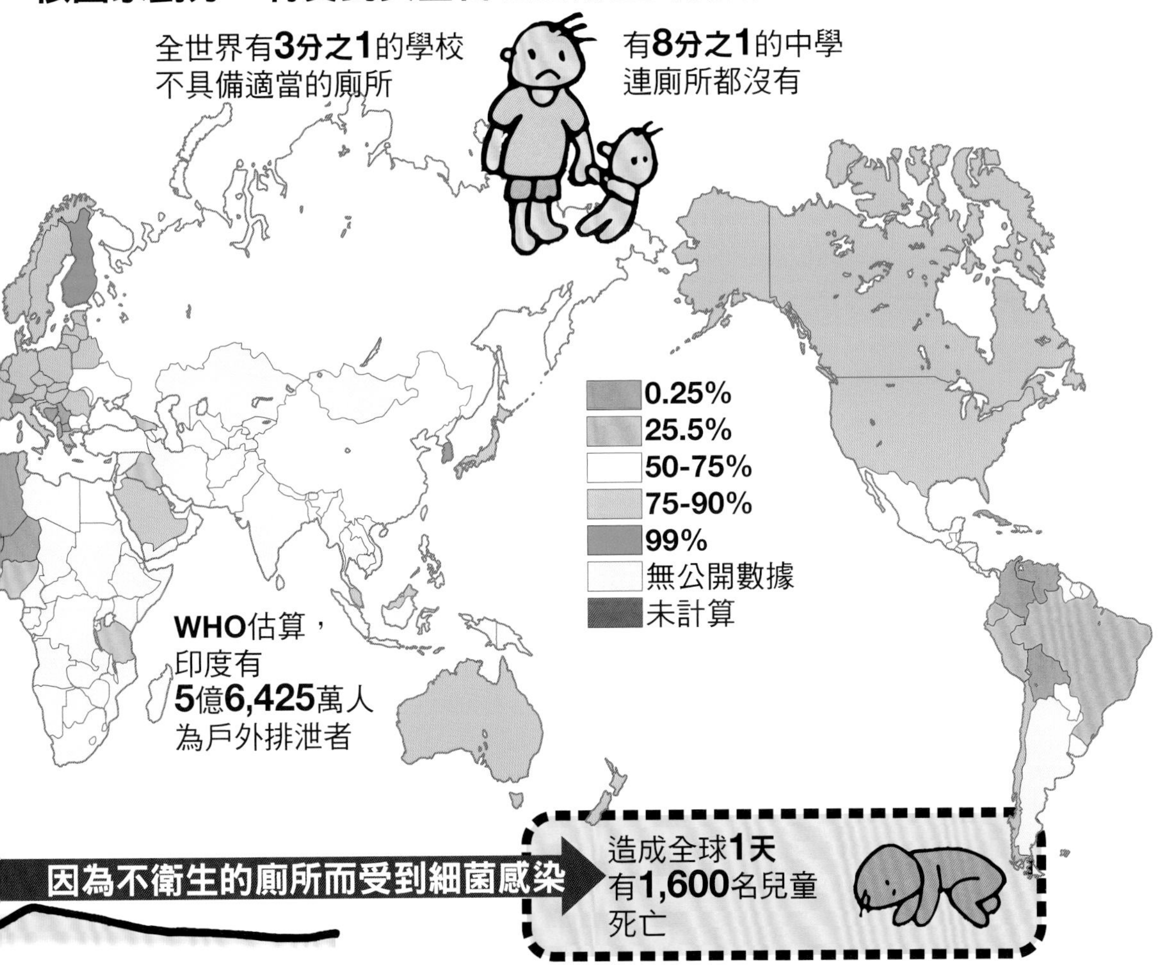

# 天災人禍招致的非洲水資源危機

## 步行尋水的眾多兒童

非洲如今面臨著世界上最嚴峻的水資源危機。而且問題主要集中於撒哈拉沙漠以南的地區，即所謂的「亞撒哈拉地區」。由於身邊沒有安全的飲用水與廁所，因此這個地區的人們，被迫過著最不衛生的生活。

引發「亞撒哈拉地區」水資源危機的最大主因在於，1980年以後持續侵襲該地區的乾旱。雨量極少且日照時間長，導致河川與水池乾涸。

當附近沒有飲用水時，步行好幾個小時到遠處的汲水區打水，便成了女性或孩童的工作。這也導致孩子們無法上學。而好不容易抵達汲水區，水往往也是髒的，因傳染病而喪命的孩子不在少數。

## 紛爭與貧窮助長了水資源短缺

追溯起來，19世紀非洲全境幾乎都被歐洲列強瓜分並成為殖民地，直到1950年代以後才終於獨立。

然而，列強擅自劃定的國界與部族的分布並不一致，因此獨立後部族之間依然紛爭不斷。軍事獨裁政權藉著武力崛起，在政局不穩定的情況下，連帶使得經濟落後、貧困不已。

如今辛巴威延續37年的獨裁政權已經垮台，但是政局不穩與經濟混亂的情況卻日益嚴重。此外，南蘇丹在歷經橫跨半個世紀的民族紛爭後，於2011年從蘇丹共和國中獨立出來，然而權力鬥爭不曾停歇，因而陷入水、食物與房屋都匱乏的窘境。

非洲有許多國家都不具備供水的基礎設施，這是從殖民時期延續下來的惡性循環所導致。其中一個象徵便是必須到遠處汲水的孩童。

參考日立GLOBAL INNOVATION REPORT Vol.99編製而成

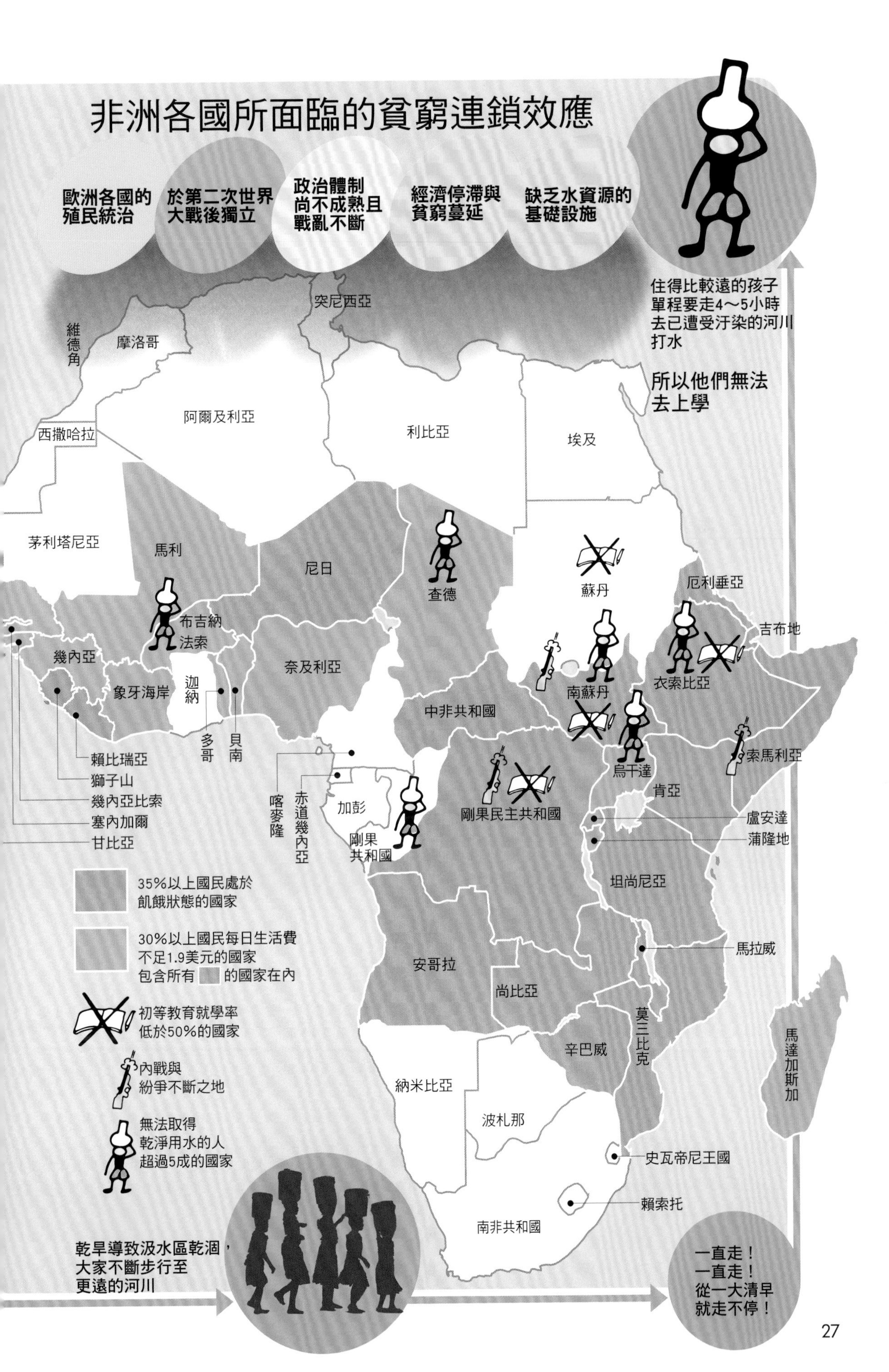

非洲各國所面臨的貧窮連鎖效應
歐洲各國的殖民統治
於第二次世界大戰後獨立
政治體制尚不成熟且戰亂不斷
經濟停滯與貧窮蔓延
缺乏水資源的基礎設施
住得比較遠的孩子單程要走4～5小時去已遭受汙染的河川打水
所以他們無法去上學
突尼西亞
維德角
摩洛哥
阿爾及利亞
西撒哈拉
利比亞
埃及
茅利塔尼亞
馬利
尼日
查德
蘇丹
厄利垂亞
吉布地
布吉納法索
幾內亞
象牙海岸
迦納
奈及利亞
中非共和國
南蘇丹
衣索比亞
索馬利亞
多哥
貝南
賴比瑞亞
獅子山
幾內亞比索
塞內加爾
甘比亞
喀麥隆
赤道幾內亞
加彭
剛果共和國
剛果民主共和國
烏干達
肯亞
盧安達
蒲隆地
坦尚尼亞
馬拉威
安哥拉
尚比亞
莫三比克
馬達加斯加
辛巴威
納米比亞
波札那
史瓦帝尼王國
賴索托
南非共和國
35%以上國民處於飢餓狀態的國家
30%以上國民每日生活費不足1.9美元的國家包含所有　的國家在內
初等教育就學率低於50%的國家
內戰與紛爭不斷之地
無法取得乾淨用水的人超過5成的國家
乾旱導致汲水區乾涸，大家不斷步行至更遠的河川
一直走！一直走！從一大清早就走不停！

# 與水資源問題相關的永續發展目標（SDGs）

## 讓全世界享有安全飲用水與衛生設施

正如到目前為止所看到的，水資源問題是一項關乎全球的重大問題，所以世界各國必須互相合作才能解決。有193個會員國的聯合國提出了如下所示的17項主要目標作為「永續發展目標（SDGs）」，志在2030年前達成。其中與水資源問題直接相關的便是目標6的主題：「確保人人都享有水與衛生，並做好永續管理」。

平日，一打開水龍頭隨時都有水流出，或是在如廁之後就有水可以沖掉，我們認為這些事情都是理所當然的，然而日本是到了1950年代之後才有完善的上下水道系統。世界上仍有許多國家與地區尚無完善的上下水道與衛生設施。目標6便是要改善這樣的

### 聯合國在2030年前要達

**目標1** 終結各地一切形式的貧窮

**目標2** 終結飢餓，確保糧食穩定並改善營養狀態，同時推動永續農業

**目標3** 確保各年齡層人人都享有健康的生活，並推動其福祉

**目標4** 確保有教無類、公平以及高品質的教育，及提倡終身學習

**目標5** 實現性別平等，並賦權所有的女性與女童

**目標6** **確保人人都享有水與衛生，並做好永續管理**

**目標7** 確保人人都享有負擔得起、可靠且永續的近代能源

1 消除貧窮

2 終止飢餓

3 良好健康與福祉

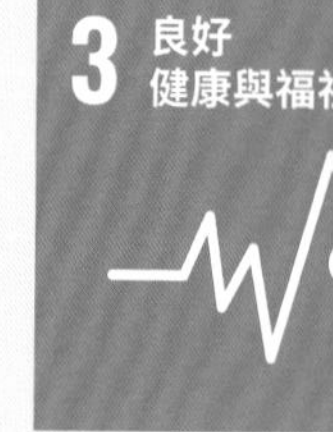

7 可負擔的乾淨能源

8 優質工作與經濟成長

9 工業、創新與基礎建設

13 氣候行動

14 海洋生態

15 陸域生態

**目標8** 推動兼容並蓄且永續的經濟成長，達到全面且有生產力的就業，確保全民享有優質就業機會

**目標9** 完善堅韌的基礎設施，推動兼容並蓄且永續的產業化，同時擴大創新

狀況，以求在2030年前讓世界各地的人隨時都有安全的飲用水與衛生設施可以使用。

## 橫跨多個領域的水資源問題

目標6並非唯一與水資源問題相關的項目。缺乏潔淨飲用水與衛生設施的國家大多也有目標1的「貧窮」、目標3的「健康」與目標10的「不平等」等問題，所以必須連同這些問題一起解決。此外，在世界各地整備上下水道系統與目標9的主題「工業、創新與基礎建設」也有所關聯。不僅如此，為了緩解全球規模的水資源短缺，還得致力於目標13的「氣候行動」與目標15的「保護陸上生態系統」等課題。水乃生命之源，是一項橫跨各種領域的重大問題。

### 成的永續發展目標SDGs

優質教育

減少不平等

SUSTAINABLE DEVELOPMENT GOALS

以2030年為期限，全世界共同努力的「永續發展目標」

**目標12** 確保永續的消費與生產模式

**目標13** 採取緊急措施以因應氣候變遷及其影響

**目標14** 以永續發展為目標，保育並以永續的形式來利用海洋與海洋資源

**目標15** 推動陸上生態系統的保護、恢復與永續利用，確保森林的永續管理與沙漠化的因應之策，防止土地劣化並加以復原，並阻止生物多樣性消失

**目標10** 導正國家內部與國家之間的不平等

**目標16** 以永續發展為目標，推動和平且包容的社會，為所有人提供司法管道，並建立一套適用所有階級、有效、負責且兼容並蓄的制度

**目標11** 打造包容、安全、堅韌且永續的都市與鄉村

**目標17** 以永續發展為目標，加強執行手段，並促進全球夥伴關係

圖片素材來源：聯合國教科文組織

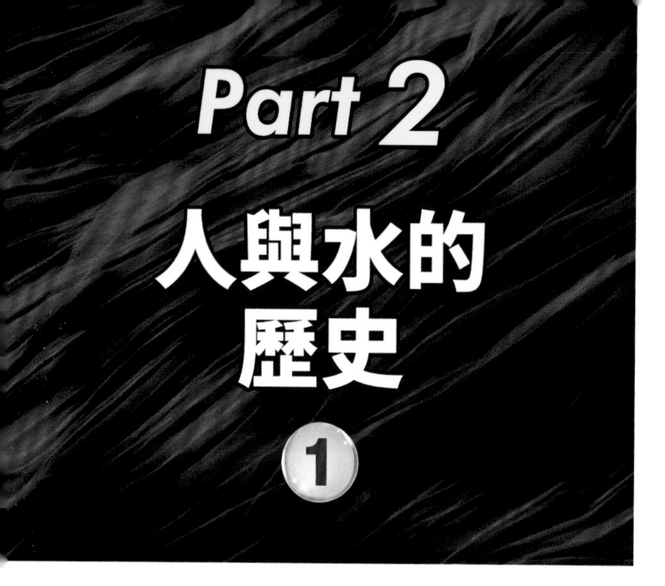


# 利用大河發展農業，從而孕育出四大文明

## 農業始於大河流域

人類的文明史一直以來都與水相依。美索不達米亞文明起源於底格里斯河與幼發拉

底河，埃及文明始於尼羅河，印度文明源於印度河，中國文明則發祥於黃河與長江。古文明皆孕育自水源豐沛的大河流域。

這四大文明皆興起於西元前5000年至3000年左右。人類之所以會在河川附近群居，是因為從之前的狩獵採集生活進化到了農業生活。

然而，河川經常氾濫。於是古代人發明了一種「灌溉」技術，即以人工方式打造水渠或蓄水池等，再將水引至農地。

## 古代人對抗河水氾濫的智慧

居住在美索不達米亞的蘇美爾人於西元前5000年左右開始從事灌溉農業。然而，在乾燥的土地上過度灌溉的結果，便是導致積存於地下的鹽分上升至地表，使農業飽受「鹽害」之苦而逐漸衰退。一般認為這就是導致蘇美爾國家滅亡的原因。

另一方面，尼羅河每年都會定期氾濫，古埃及人便是利用這一點，採取了所謂的水盤灌溉法——先修築水渠，將洪水引至以堤防圍起的耕地，蓄水2個月左右。待洪水退去後，將水排掉，再播種小麥的種子。如此一來，不但可以沖走鹽分以防止鹽害，洪水還會從上游帶來富含營養的土壤並積存於耕地，形成天然的肥料。

印度河文明也是利用河川的氾濫來進行農耕。夏天進入雨季後，印度河便會氾濫，同時帶來肥沃的土壤，因此人們會在洪水退去後的冬季播種小麥，並於下一個雨季來臨前採收。

中國的農耕，最初是始於黃河的中游地區，黃河文明興起，最終與南方長江流域的長江文明結合，中國文明於焉誕生。黃河時常氾濫，洪水攜來的大量泥沙沉積於河底，也就更容易引發氾濫。傳說中的帝王大禹透過人海戰術清除黃河的淤泥以利河水流通，因治水有功而成為夏朝的開國君主。可見控制一條河流也就等同於掌控一個國家。

# 古希臘的科學促進了水利技術的發展

## 奠定輸水技術的基礎

顯示物體體積與浮力之間關係的「阿基米德浮體原理」，相傳是西元前220年左右，古希臘數學家阿基米德在洗澡的時候發現的。

據信距今4000年前，印度河文明的首都摩亨佐達羅就已經有浴室、簡便的供水與排水設備，不過水利技術大幅躍進是發生在古希臘時期。

這個時期的智者以科學角度解析水的奧妙，並試圖操縱水的流向。西元前6世紀前半葉，工程師歐帕里諾斯（Eupalinos）應邀前往薩摩斯島，修築了一條全長超過1km

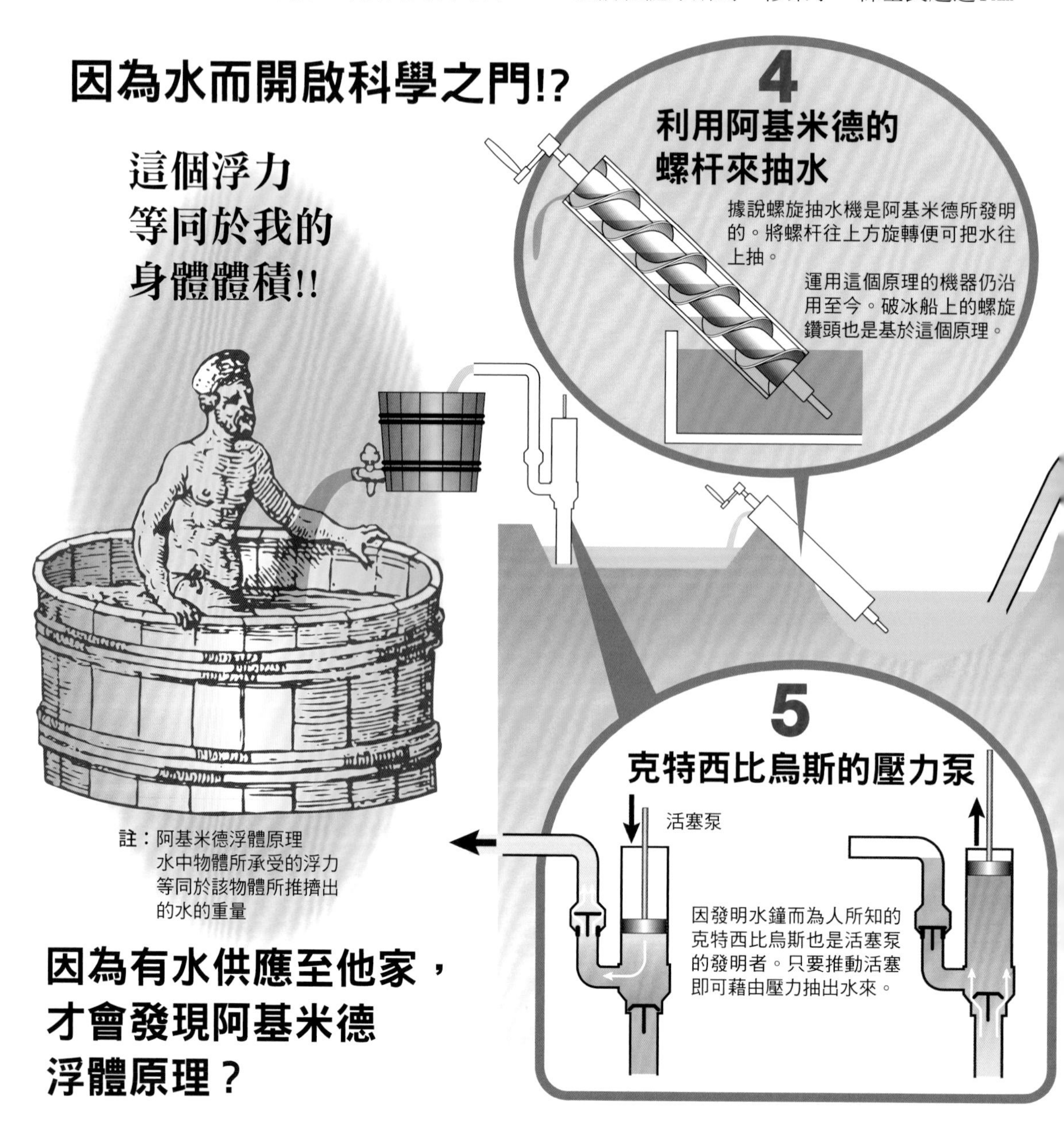

的水隧道，為的是把被山隔絕的水源引至鎮上。此隧道是從山的兩側開挖，再於中央處連接起來，必須有準確測量水平位置的高超技術才辦得到，可謂一大壯舉。

此外，西元前3世紀的發明家克特西比烏斯（Ktēsibios）發明了透過壓縮空氣來抽水的活塞泵，其弟子希羅則利用將水從低處升至高處的虹吸原理發明了噴泉。相傳如轉動螺絲般來抽水的螺杆泵，是更早之前的阿基米德所構思出來的。

正式的水道設備一直要到古羅馬時期才完成，不過讓水從水源處移動至無水處的技術，早在古希臘時期就已經出現。據說阿基米德原本都是到公共浴場洗澡，或許後來就是運用這些技術將水引到自己的家中。

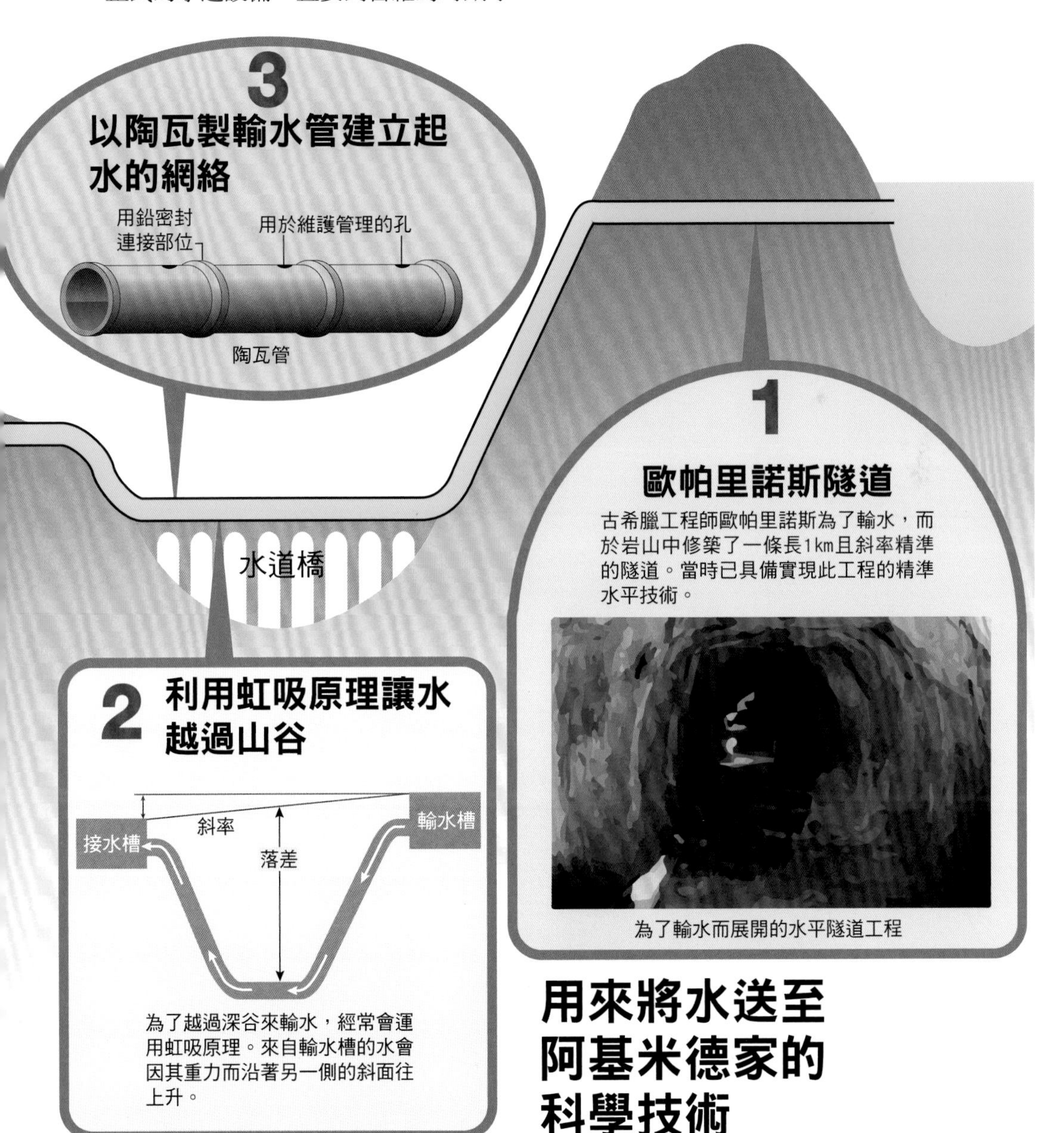


## 用來將水送至阿基米德家的科學技術

# 滋潤沙漠的地下水渠系統從波斯傳播至全世界

## 乾燥地區的取水法：坎兒井

波斯帝國曾在現今伊朗的所在地興盛一時，據說後來得以統一古代近東世界是因為有了「坎兒井」。

所謂的坎兒井，是指乾燥地區特有的地下水渠。對於生活在沙漠中的人而言，地下水是非常珍貴的資源。為此，他們研發出一種灌溉方式，也就是先挖掘一口母井來探尋水脈，然後從該處往橫向挖出略帶坡度的洞穴，再將水運往村落或農地。關於其起源尚無定論，不過目前已知西元前8世紀的伊朗西北部就已經有坎兒井了。

隨著波斯帝國的領土擴張，坎兒井也廣

## 用地下隧道將水從水源處運至村落以防止蒸發

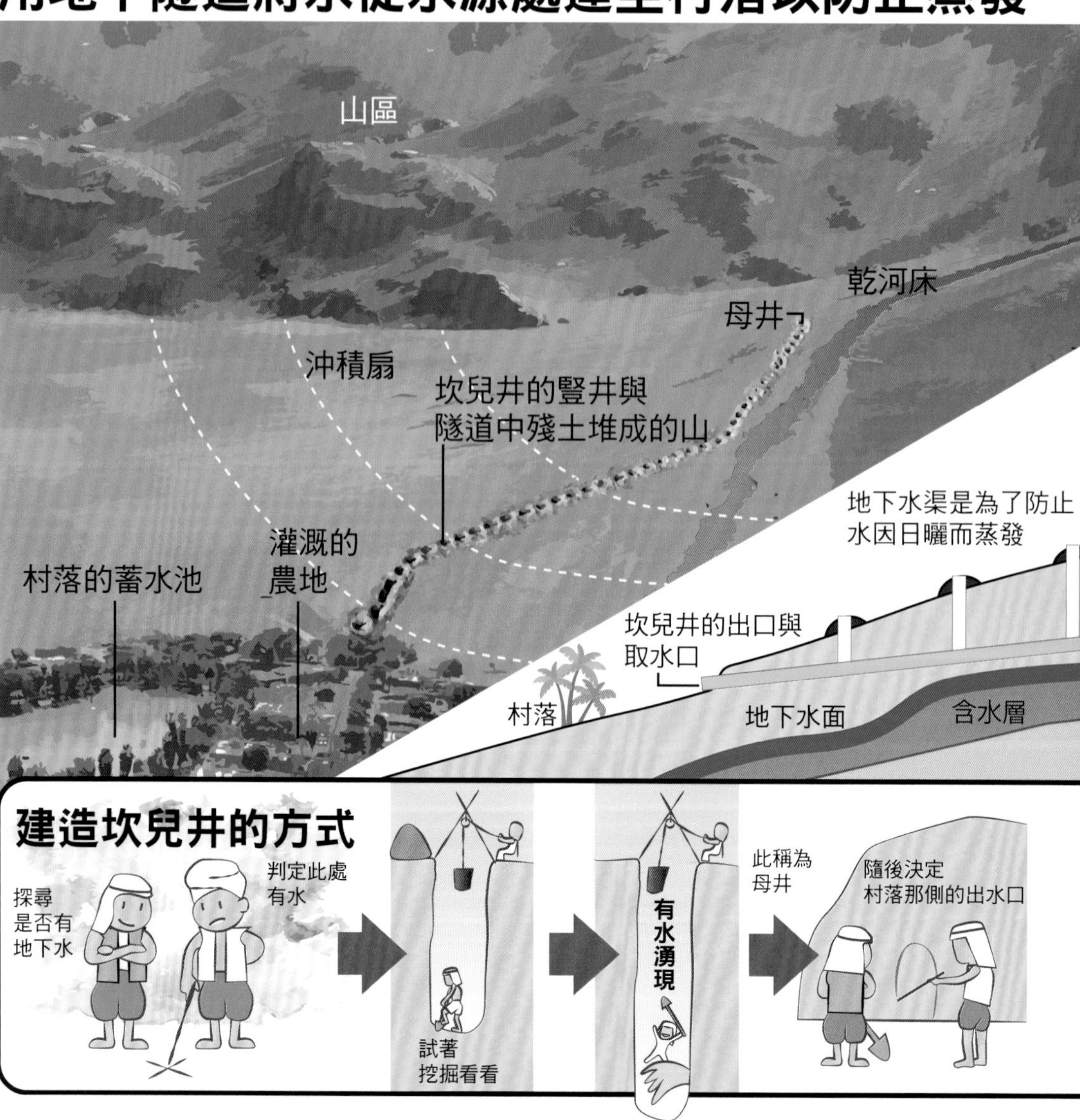

傳至阿拉伯半島與中亞地區。甚至到了7世紀以後，又隨著伊斯蘭國家的崛起與領土擴張而傳進了北非與西班牙。

## 沙漠催生出的永續水資源利用法

其實，現今仍有5萬多口坎兒井留存於世界各地。其發源地的伊朗，目前還有超過2萬口坎兒井仍在使用。此系統不僅用來輸水，還結合了名為Windcatcher的捕風塔來導入地下的冷風，發揮如天然冷卻器般的作用。坎兒井絕非過去的遺物，而是沙漠居民珍視的水資源，由各地社區來管理並守護傳承下來。

如今世界各地超抽地下水已成為一大問題，目前正在重新評估以坎兒井作為永續利用水源的可行性。

## 這些地下水渠即稱為坎兒井並沿用至今

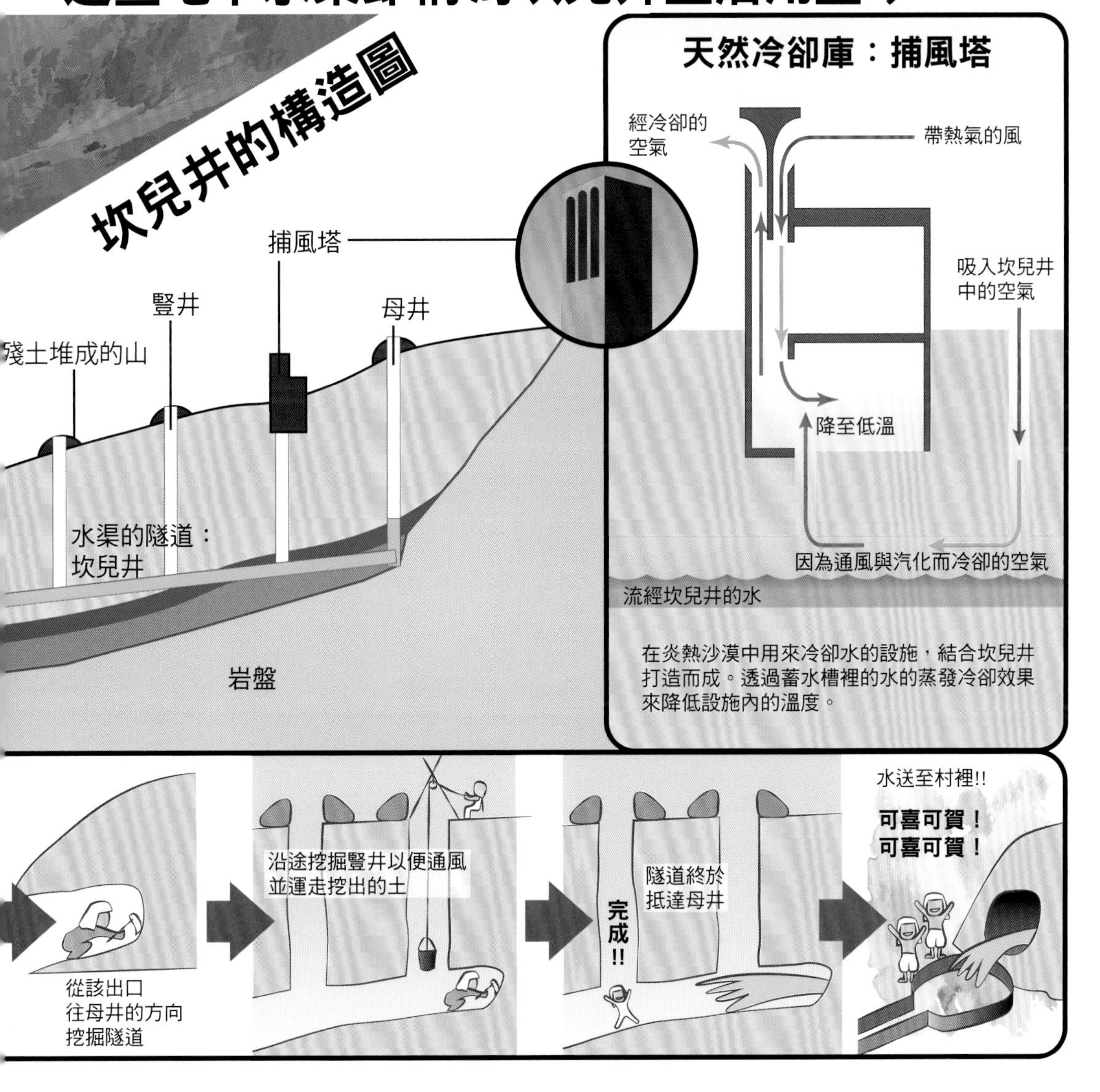

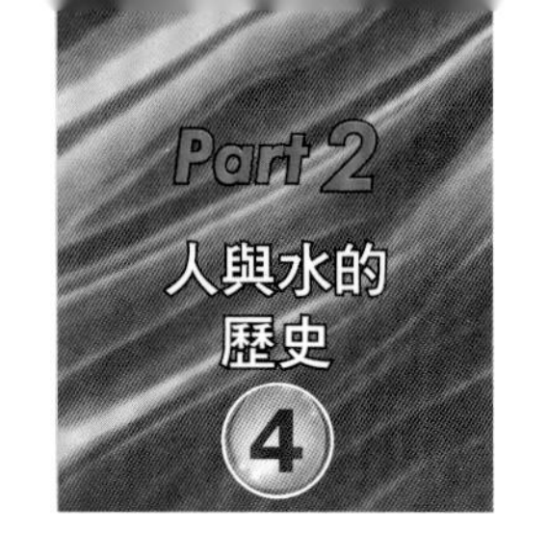


# 羅馬帝國所在之處皆有水道，水曾是富足的象徵

## 水道可謂古羅馬的技術結晶

羅馬的水道被視為古代建築史上最傑出的壯舉之一。古羅馬為了將水引至首都羅馬，而於西元前312年完成了阿皮亞水道。此後直至帝政時期的226年為止，相繼修建了11條水道，每天供應的水高達約10億公升。能夠成就這般偉業，全憑高超的土木工程技術。

為了讓水從羅馬近郊的河川或湖泊流往羅馬的城鎮，古羅馬人利用了水從高處往低處流的動力，修建混凝土水渠來引水，途中若經過山就挖掘隧道，若遇到谷就修築石造水道橋。利用此法引進城鎮中的水會從供水

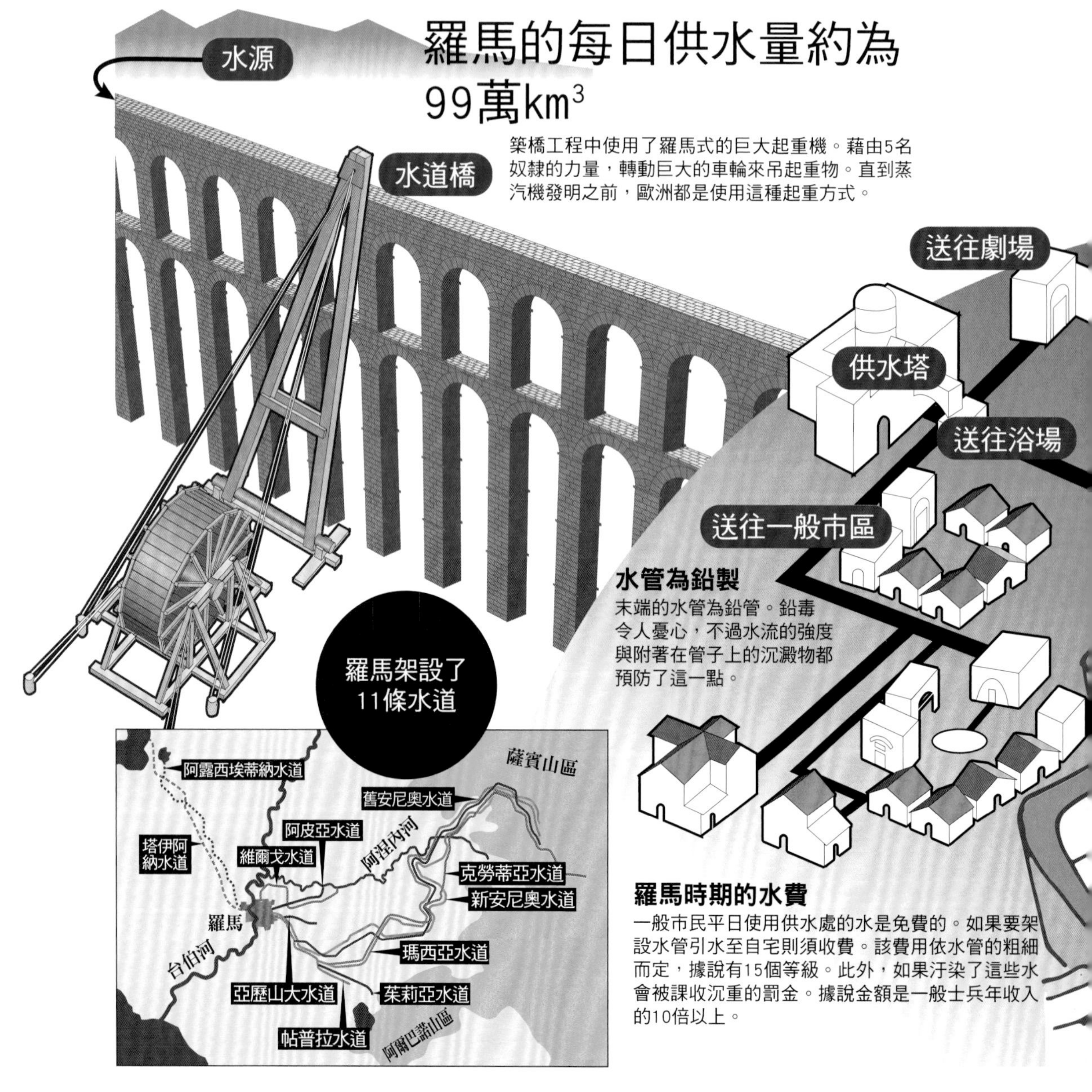

槽流往排水槽，再沿著鉛管引至公共設施或庶民的汲水區，也會送至一般住宅。

## 在征服之地修建水道與浴場

羅馬獲得豐沛的水後，歷代皇帝便開始四處建造公共的大浴場。浴場的目的不僅限於維持身體清潔，還逐漸發展成進行社交或運動的場所。

隨著羅馬帝國領土的擴張，隨後也在其他行省依樣架設水道，並建造浴場。這些水道在帝國滅亡後仍繼續使用，如今地中海沿岸地區還保留了一部分遺跡。尤其是法國南部的嘉德水道橋，這個由拱門所組成的三段水道橋甚為壯觀，古羅馬卓越的建築技術透過這個遺跡傳承至今，如今已被登錄為世界遺產。

## 其中約17%<br>被用於公共浴場

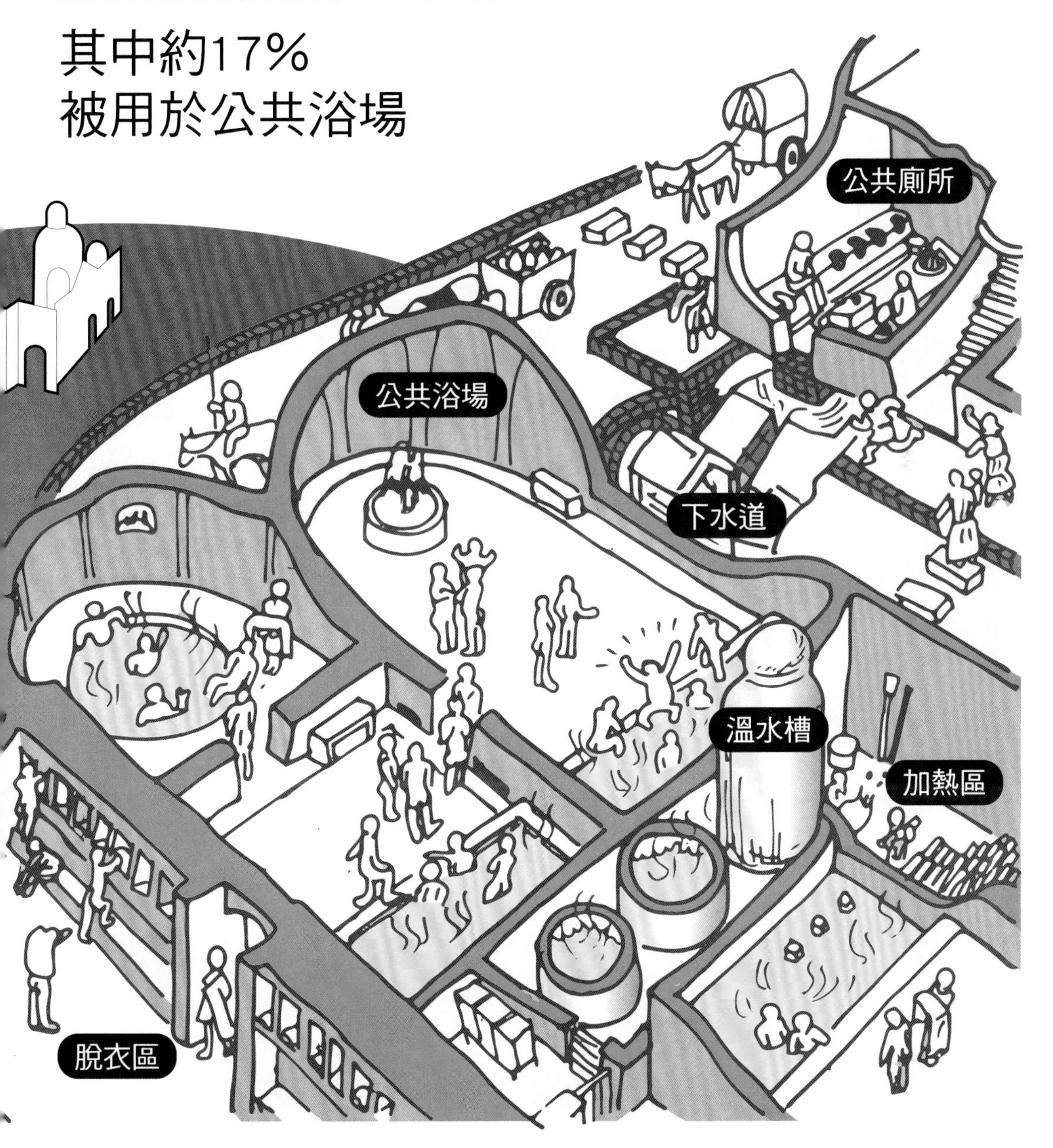

# 中國歷代皇帝修建了連接南北的大運河

## 將物資運至首都的中國大動脈

國土廣闊的中國受惠於7條大河，不僅作為生活用水，還成了交通與搬運物資的手段，巧妙利用河川的運河十分發達。其歷史十分悠久，西元前3世紀的秦始皇時代，引河川之水來灌溉農地為其起源。秦始皇為了將軍事物資運送至南方，還修築了名為靈渠的運河。

正式的運河建設始於隋朝。6世紀後半葉，初代皇帝文帝登基後，便下令興建2條運河，一為連接當時首都大興城（長安）與黃河的廣通渠，一為連接長江與淮河的山陽瀆。繼位的第二代皇帝煬帝則在610年前完

### 秦始皇
西元前259～210年。首度統一中國的秦朝皇帝。

**❶ 鄭國渠**
西元前246年，由水利工程師鄭國所打造的灌溉水渠，連接起涇河與渭河。

**❷ 靈渠**
西元前214年，秦始皇下令開鑿的運河，連接起長江水系與珠江水系。

### 隋文帝
541～604年。隋朝的初代皇帝，著手修築大運河。

**❸ 廣通渠**
584年，連接起首都大興城（長安）與江南地區。

**❹ 山陽瀆**
587年，連接起淮河與長江水系。

### 隋煬帝
569～618年。隋朝的第二代皇帝，繼續修築大運河。

**❺ 通濟渠**
605年，連接起黃河與淮河。

**❻ 永濟渠**
608年，連接起黃河與現在的北京周邊。

**❼ 江南河**
610年，連接起長江流域的揚州與杭州。

### 忽必烈
1215～1294年。蒙古帝國的第五代皇帝，元朝的初代皇帝。

**❽ 通惠河**
1293年，連接起大都（北京）與通州。

**❾ 大運河**
直接連接起大都（北京）與江南地區。

成了通濟渠（黃河～淮河）、永濟渠（黃河～現在的北京）與江南河（長江～杭州）等。透過這些工程將長安與長江連結起來，開始將江南豐饒的作物運至首都。

然而，被動員的人民因為負荷過重的運河工程而群起造反，成了隋朝滅亡的原因之一。其後的唐、宋兩代皆受惠於運河而得以蓬勃發展，但是中國再度迎來分裂的時代，運河也逐漸被荒廢。

直到元朝才重啟運河建設。忽必烈再次統一了中國，並將首都遷至大都（北京）。他隨即下令開鑿新的運河，為的是讓運河直通大都而不需繞遠路。到了明朝，又進一步整頓了連接杭州至天津的運河，完成留存至今的大運河。

連接北京與杭州的大運河，又稱為京杭大運河，全長約為1794m。與萬里長城並列為中國兩大土木工程，其中一部分仍沿用至今。

# 在水逆中建造了國家 荷蘭的治水技術

## 始於13世紀的填海造陸史

有句話說，「上帝創造了世界，荷蘭人創造了荷蘭」。這是因為荷蘭有2成以上的國土是憑藉人力打造出來的海埔新生地。

荷蘭的歷史可說是一部對抗水患的奮鬥史。由於面朝北海且部分國土低於海平面，經常飽受洪水與淹水之苦。荷蘭的正式國名為Nederlanden，亦為「低地」之意。

為了增加農地，荷蘭於13世紀開始填海造陸。所謂的填海造陸是一種打造新陸地的方法——先利用堤防隔開海或是河的一部分，再把水抽出使其乾涸。為了抽出堤防內側的水，風車與運河扮演了關鍵角色，如今

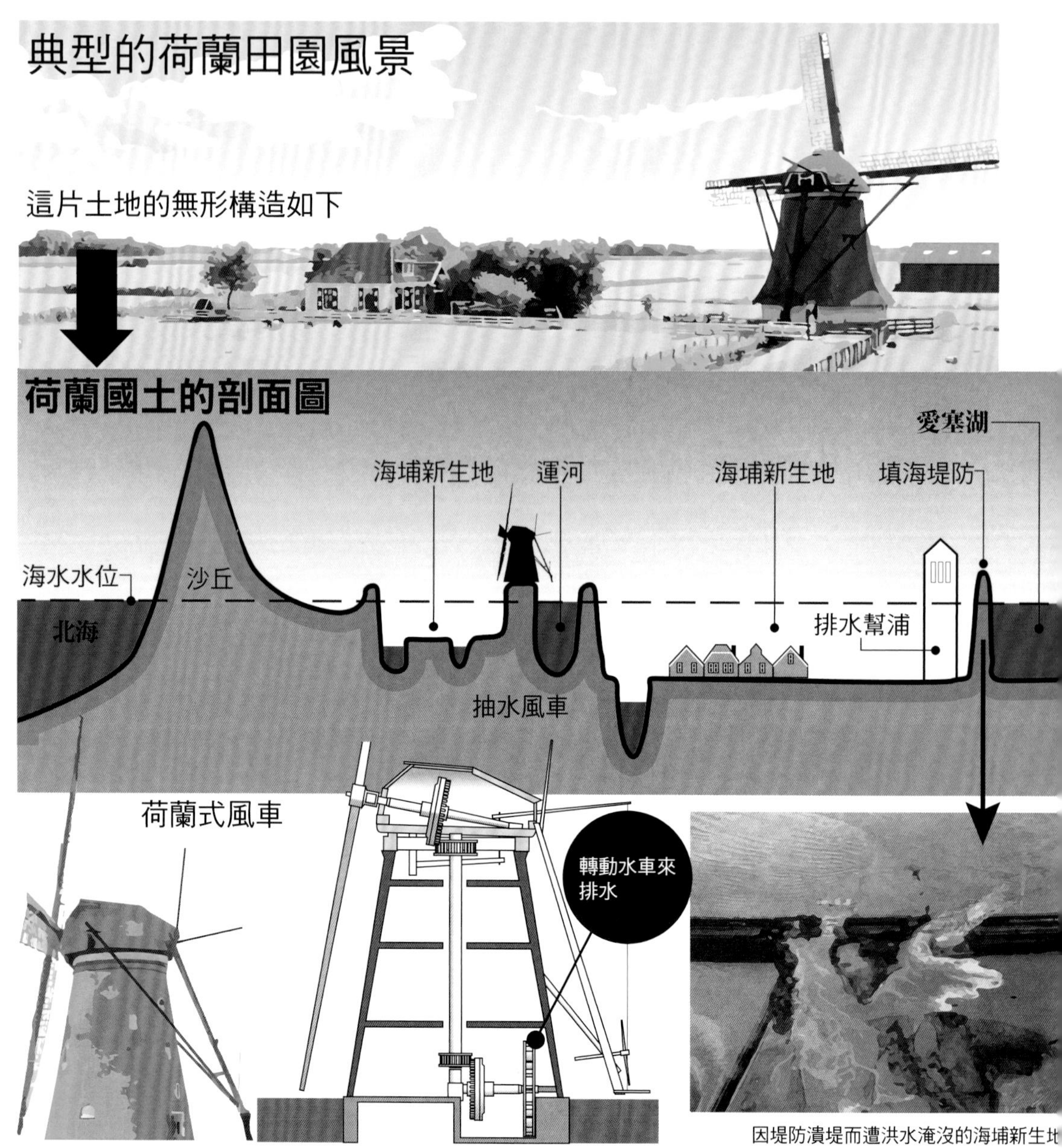


因堤防潰堤而遭洪水淹沒的海埔新生地

兩者已然成為荷蘭的象徵。

## 由治水建立起來的黃金時代

海埔新生地位在低於海平面之處，如果不確實做好水的管理，便會有淹水之虞。因此，荷蘭從中世紀起便於每個地區設立水資源管理委員會，由當地的人民共同管理堤防與運河。這種自己的城鎮自己守護的自治精神，加上治水所培育出的科學技術，使荷蘭有了飛躍性的發展。風車成為工業的動力，運河也被作為運輸手段來使用，打造大型船隻的技術也日益發達。到了17世紀，懂得控制水的荷蘭成為世界貿易的中心。

荷蘭如今仍有7成的人口居住在海拔為零米的地區，並徹底落實水的管理，其歷史悠久的治水技術已成為世界的典範。

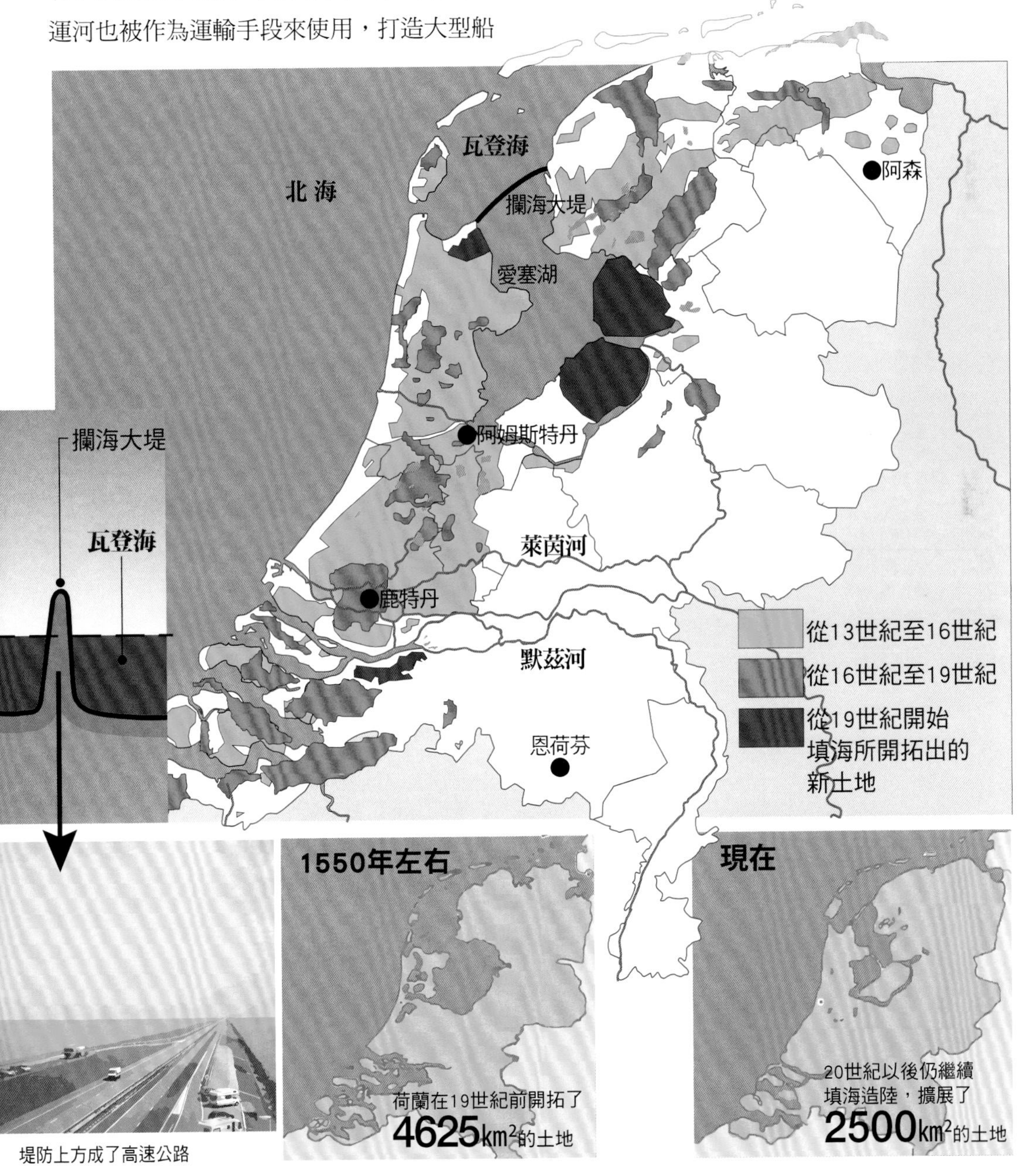


堤防上方成了高速公路

# 在背後支撐著工業革命的歐洲運河

## 透過水路開闢內陸

荷蘭的運河始於填海造陸，而運河也具備水運的作用。若要運送大量貨物至遠方，搭船遠比走陸路要輕鬆得多。因此，水運自古以來一直十分興盛。然而，一旦到了既無河川亦無海洋的地方，就不得不走陸路了。

西元1世紀時，羅馬皇帝尼祿思考著能否連接起海洋與河川，好讓裝載貨物的船隻在上面移動。8～11世紀，維京人從北方進出歐洲，他們思考著運送船隻的手段，希望讓船能夠翻越山嶺，從一條河川經過另一條河川。多年以後，這些不可能的願望透過運河而得以實現。

### 歐洲的運河工程　始於這兩種聲音

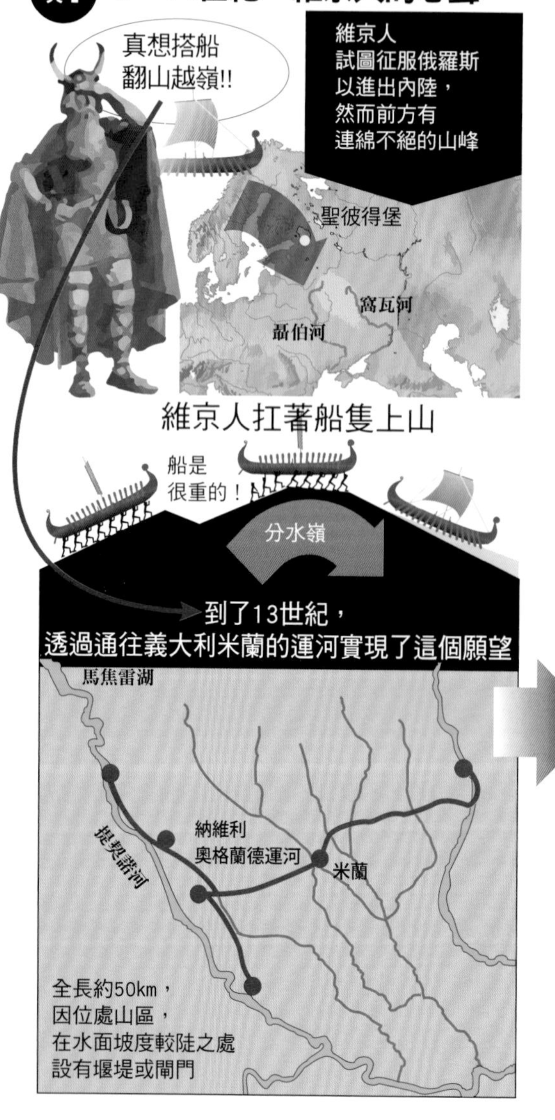


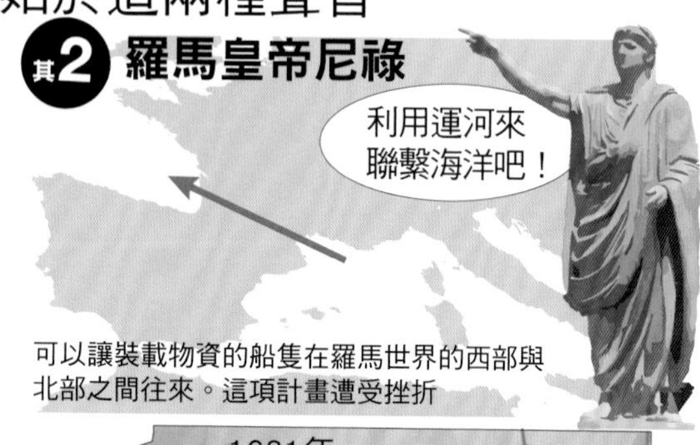


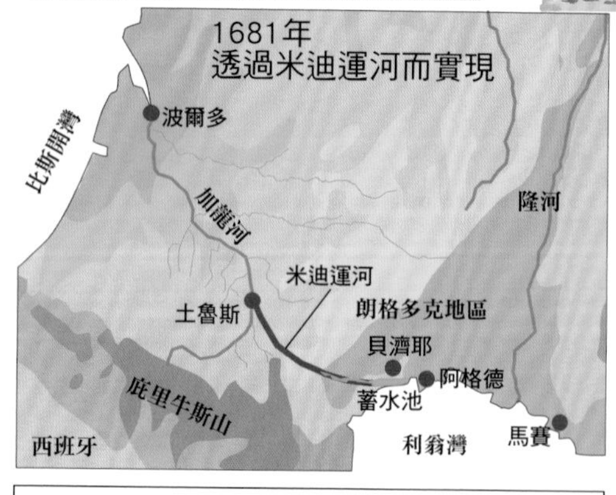


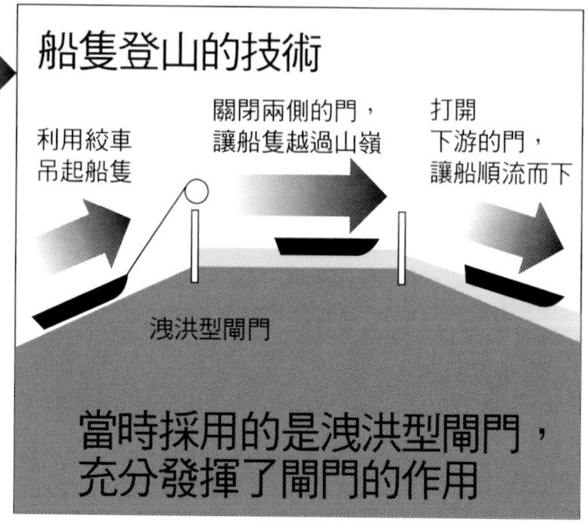

為了將有高低差的運河連接起來，利用水力抬起船隻的技術也十分發達，甚至還能乘船翻山越嶺。

## 運送大量煤炭的運河

17世紀時，法國打造出米迪運河等大規模的運河。到了18世紀中葉，工業革命展開後，英國進入大量修築運河的時代。各地陸續開鑿運河，作為便宜、快速且可一次大量運送煤炭等的手段。

當時是利用馬匹作為推進船隻的動力，運河沿岸皆修建了馬匹專用通道。據說在通過狹窄的隧道時，是由人用腳踢著隧道壁來推動船隻前進，馬匹則休息。

18～19世紀期間，歐洲各地都開始修築運河。在19世紀後半葉迎來鐵路的時代之前，運河持續支撐著產業的發展。

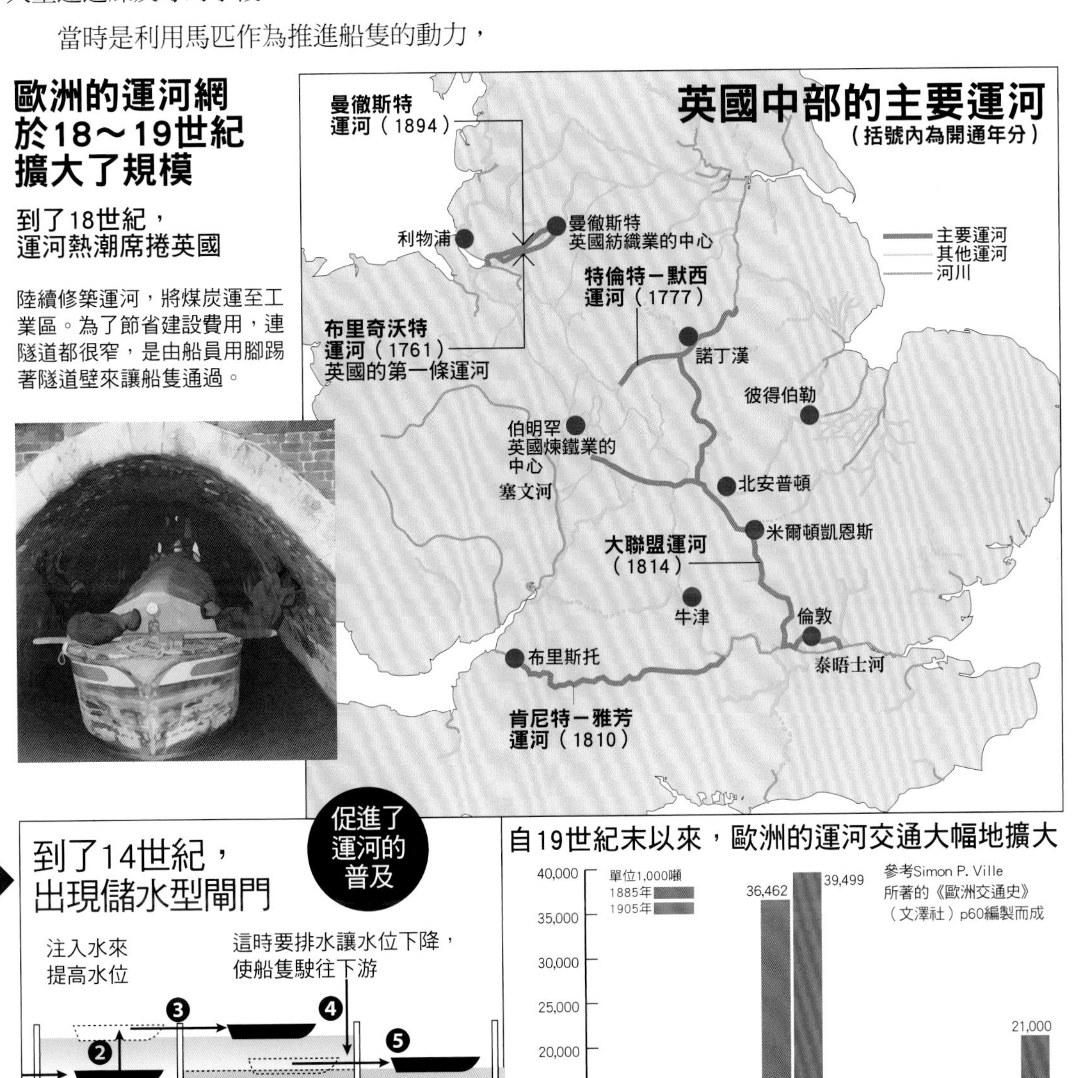

# 上下水道設施完善的江戶是全球最先進的衛生都市

## 滋潤江戶市鎮的上水

東京有神田上水與玉川上水這類以「上水」命名的水渠流經。所謂的上水，即現今所說的上水道。德川家康於1590年進駐江戶，第一道命令便是整頓這些上水。

江戶離大海不遠，即便挖了水井，水裡也混雜著鹽分，不適合作為飲用水。再加上1603年於江戶開設幕府後，人口急遽增加。因此，江戶時代初期陸續整頓了水道網，從河川或水池鋪設水渠，並以木製水管來輸水。江戶城自不待言，水也被送到農地與村落，庶民是從與地下水管相連的共用上水水井中打水，用來烹飪或洗滌。

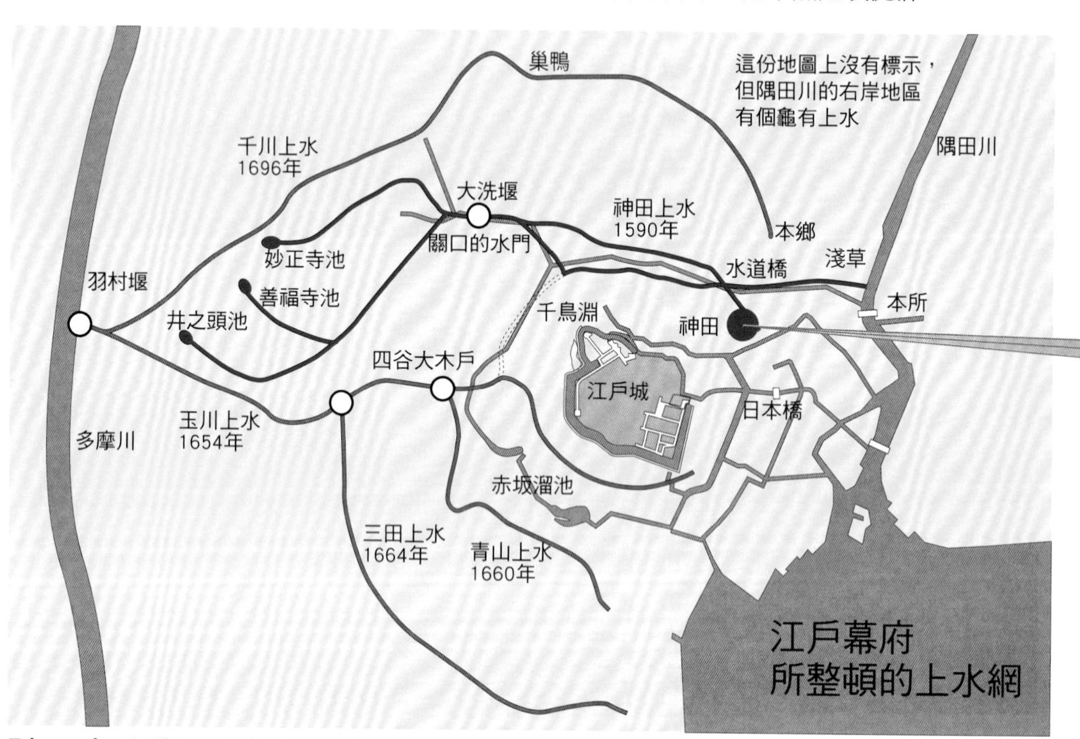


神田上水與玉川上水總計全長為160km。為了以重力流方式在這樣的距離內輸水而費盡各種巧思

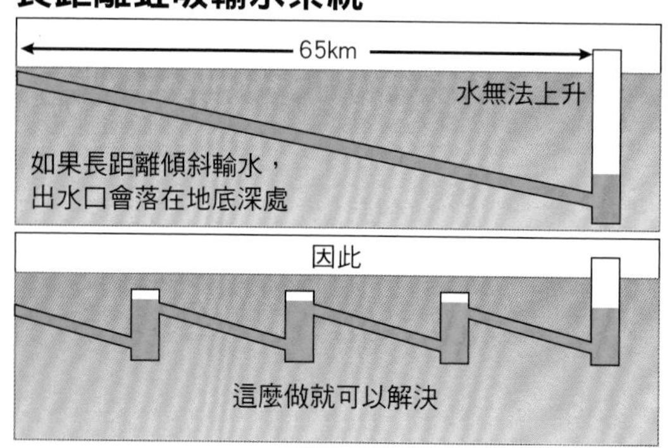

**大洗堰**
在途中打造堰堤，將水積存於此來調節流量。

**水道橋**
在神田川上方修築水道橋來渡河。

## 無穢物流淌的下水

江戶市鎮裡也有完善的下水道設備，以便將家庭排出的廢水與雨水排入河川中。雖說是廢水，當時的人用水時都備加珍惜，也沒有化學清潔劑，因此量少且不會汙染河川水質。下水溝也會經常清掃，不會有泥沙或垃圾堆積而散發出惡臭。

江戶的下水道能常保清潔的最大原因在於，不會排入人類的排泄物。那麼，排泄物都是丟到哪裡呢？其實並沒有丟到特定的地點。當時都是糞坑式廁所，抽出排泄物後便由農家收購，充當田地的肥料。

到了18世紀，江戶市鎮已經發展成擁有100萬人口的大都市，多虧了上下水道與公共衛生基礎建設完善，該城鎮比當時世界上任何一個都市都還要乾淨。

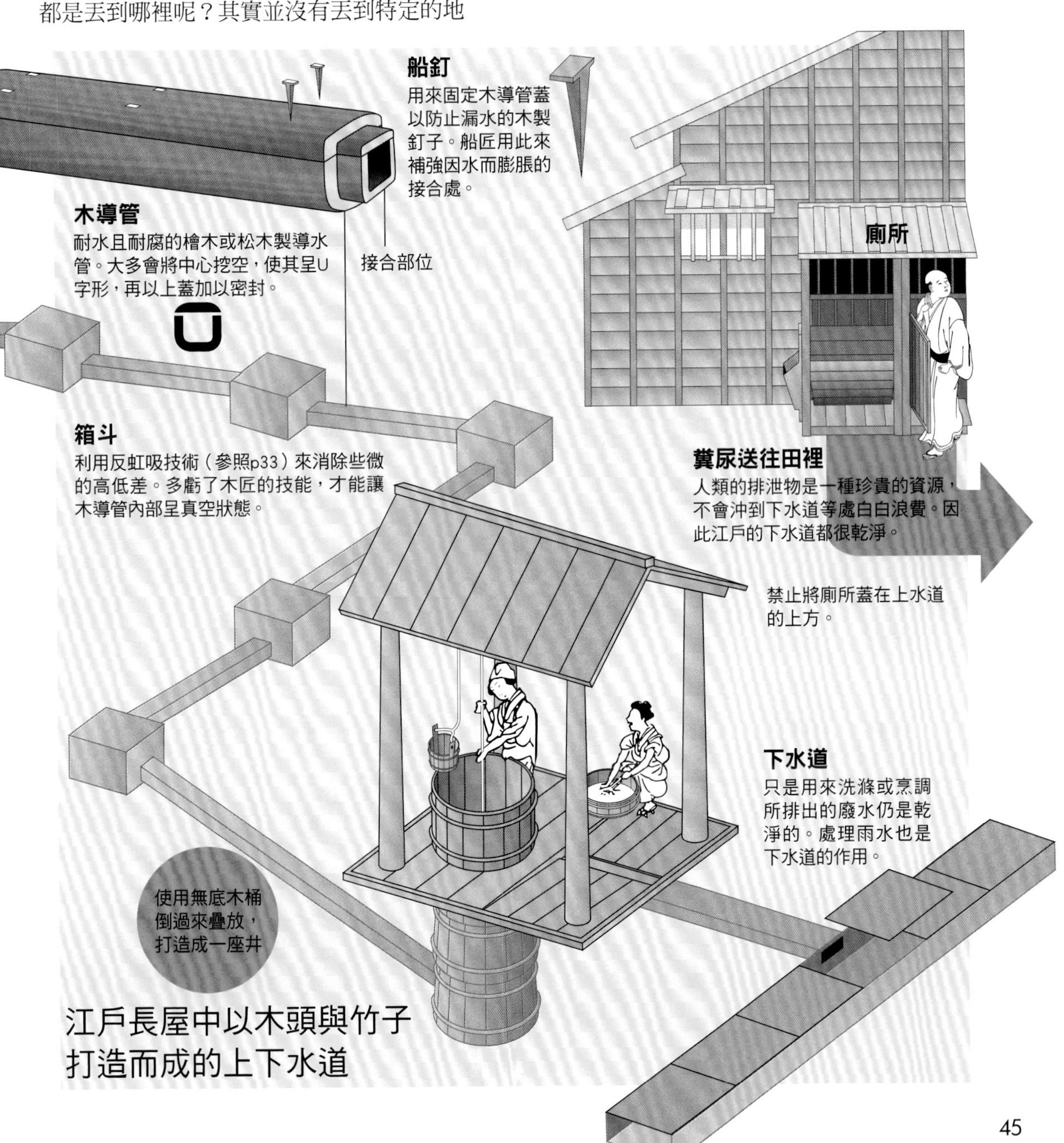


江戶長屋中以木頭與竹子打造而成的上下水道

# 霍亂的流行
# 促使倫敦建設上下水道設施

近代的都市問題
接連侵襲這些城鎮

人口流入都市 ← 工業革命

產生貧民窟 ← 都市的基礎設施不完善

尤其是上下水道

居住環境髒亂

往泰晤士河傾倒糞尿或隨便排放汙水

遭汙染而臭氣沖天的泰晤士河

法拉第（著名的電磁科學家）抱怨泰晤士河太髒而遭泰晤士河之父訓斥的諷刺漫畫。

泰晤士河的水中充滿這樣的怪物

結果終於在1845年與1853年
爆發了**霍亂大流行**

## 曾經處處汙穢不堪的倫敦

江戶市鎮在17世紀就已經是一座上下水道完善而整潔的都市，相對於此，據說同一時期的歐洲都市則是骯髒到現今難以想像的程度。

**終於倫敦市也開始付諸行動，於1855年制定了下水道整頓計畫，並從1858年展開建設**

**倫敦市的下水道網絡**

建設一套下水道網絡，將汙水排放到泰晤士河的下游吧！

內科醫生約翰・斯諾的發現

霍亂的原因出在泰晤士河的髒水!!

**在這個時期奠定了近代水道的基礎，從泰晤士河的上游汲取上水道的水，經過自然過濾後再輸送出去**

建設上水道，打造出輸送乾淨用水的水渠吧！

尤其是英國的首都倫敦，自18世紀中葉展開工業革命以來，人口有了爆炸性的成長，居住環境也隨之惡化。街道上遍布馬糞與腐壞的食物而變得一片泥濘，甚至還會有糞尿從窗戶傾瀉而下。當時沒有廁所也沒有下水道，所以居民必須把自己的排泄物積存於便桶，再倒入指定的水渠中，但因為嫌麻煩而習慣從窗戶往外倒掉。

這些糞尿會流入流經市中心的泰晤士河中，如同左頁下方所示，在當時的諷刺畫中被描繪成有怪物棲息的水。

## 汙水是霍亂爆發的源頭

19世紀中葉，倫敦屢屢爆發霍亂大流行。歐洲以前也曾因為黑死病與傷寒的流行而造成許多人死亡，但是尚不清楚引起傳染病的原因。

霍亂一開始也被認為是吸入受汙染的空氣中所含的毒素而引發的，但是倫敦的醫生約翰・斯諾（John Snow）卻認為原因在於水。他調查了患者較多的地區，發現他們都是喝同一個供水處的髒水。因此，他呼籲應該建立一套供應乾淨用水的上水道設備。

此外，泰晤士河於1858年開始散發出強烈的惡臭，引發了後來被稱為「倫敦大惡臭」的大騷亂。有鑑於這些狀況，倫敦也終於開始建設上下水道。自來水是從河川上游取水，汙水則是在比市區還要下游的地方排放，這一套近代的上下水道網，此後廣布歐美各國。

# 在追求安全中不斷進化的現代上下水道設施

## 號稱世界第一的日本的水道

到了明治時代，江戶時代建設的上下水道已老舊不堪，於是日本也開始引進近代設備。無論是上水道還是下水道，最初都是由英國工程師在曾是外國人居留地的橫濱建造而成。

最先普及的是供應飲用水的上水道。二戰之後，產業用水的需求增加，過濾水的技術也有所提升。到了1970年代，因消毒用的氯會產生致癌物質三鹵甲烷而成了一大問題，於是開始實施完善的水質管理體制。

目前日本的水道普及率達98%，為世界第一。在水質、味道與漏水少等方面也遙

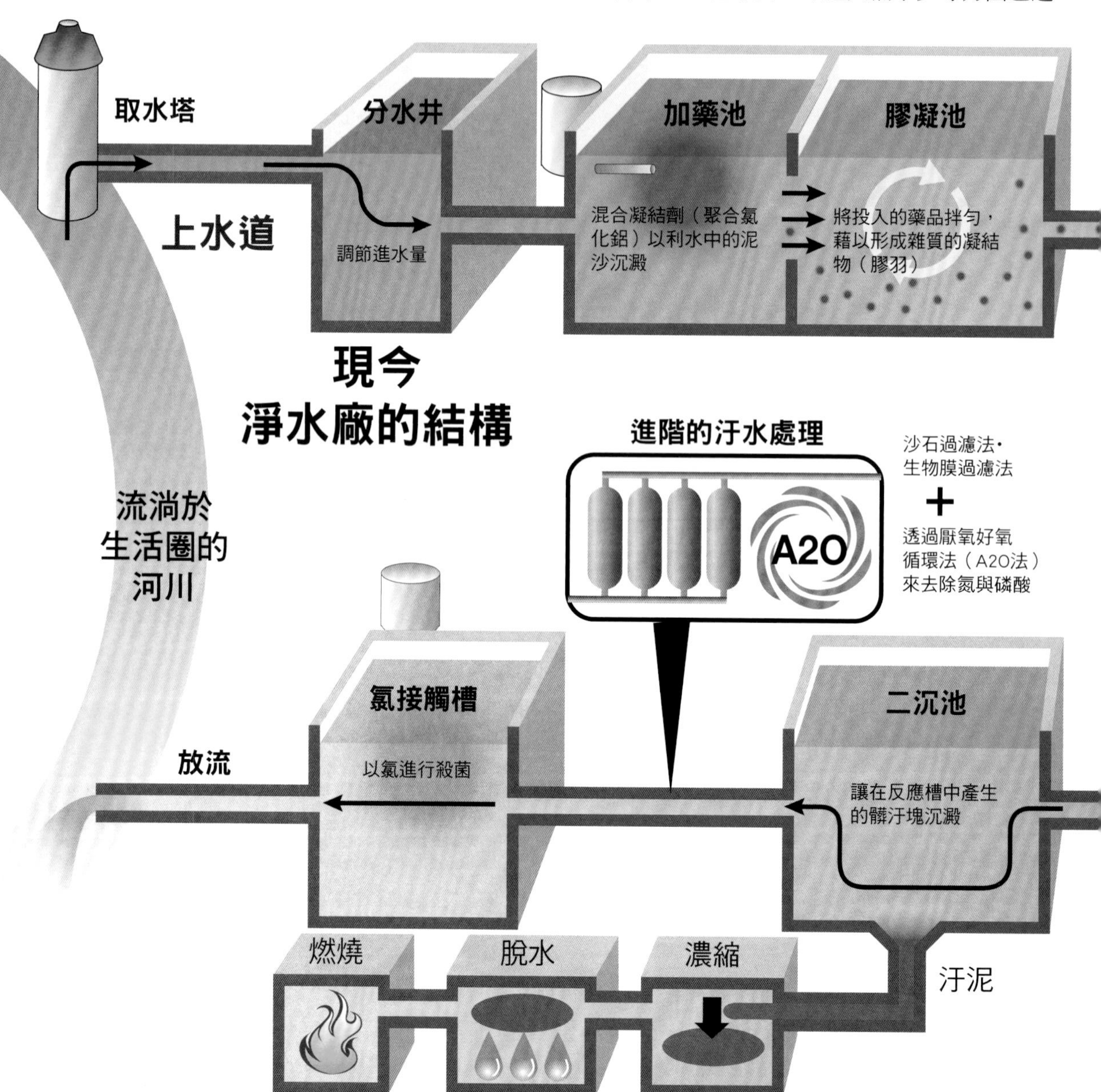

遙遙領先，以該技術睥睨全球。

## 下水道隨著沖水式廁所而普及

另一方面，下水道的普及速度較慢，日本國內第一套汙水處理設施直到1922年才完成。廁所仍以糞坑式為主流，下水道的目的在於處理家庭生活廢水與雨水。後來是根據1958年新訂的《下水道法》，才開始將廁所的糞尿沖進下水道。

隨著戰後的重建，展開了下水道的普及事業，沖水式廁所急速增加。後來甚至連化學清潔劑與油等也都視作生活廢水沖掉。如下方插圖所示，為了安全地處理這些廢水，目前是經過好幾個階段讓水循環再利用。

如今上下水道已然成為我們生活中不可或缺的一部分。另一方面，還有一個不能不提的現實是，世界上仍有一些人還無法取得安全用水與衛生設施。

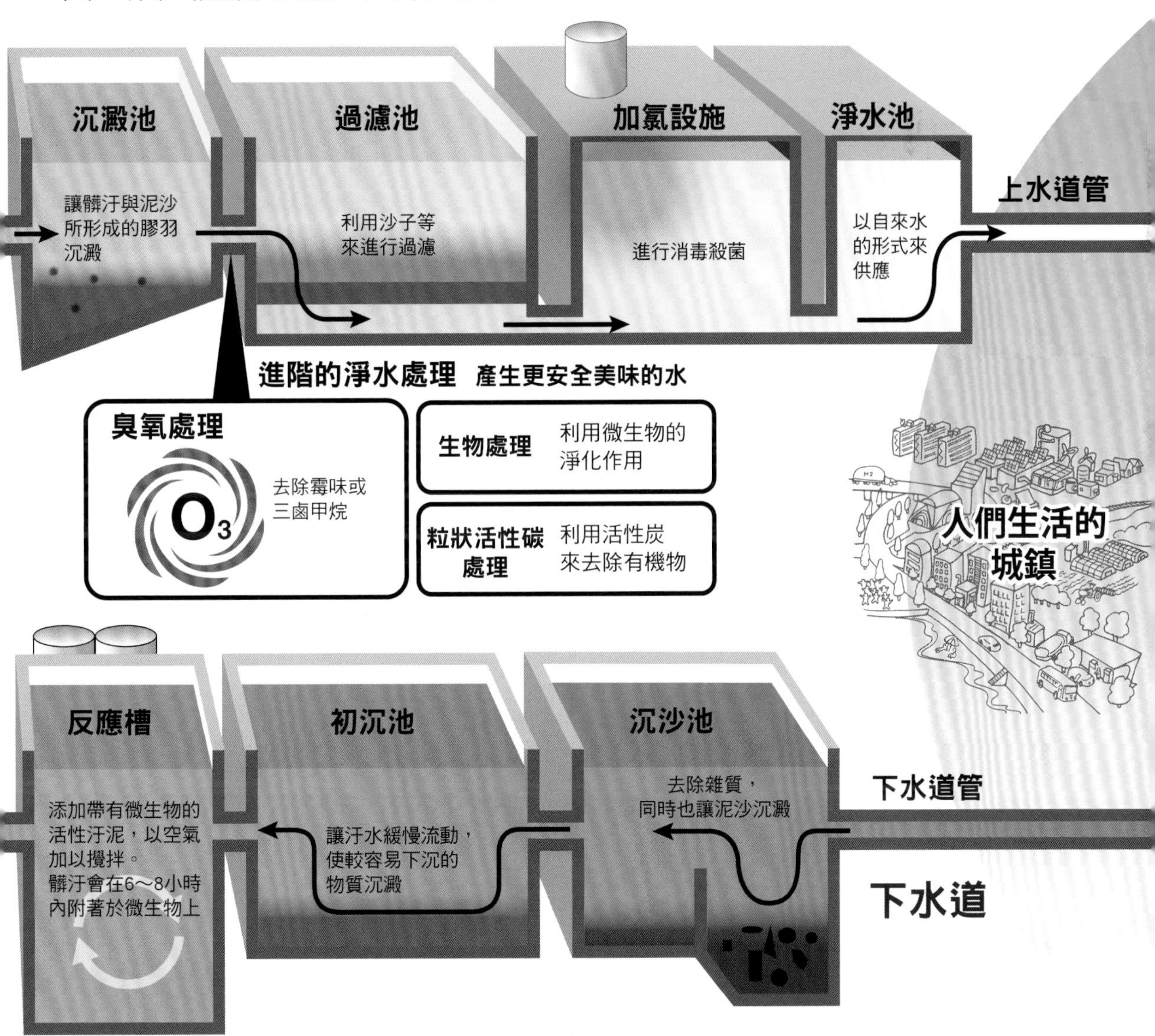


現今汙水處理廠的結構

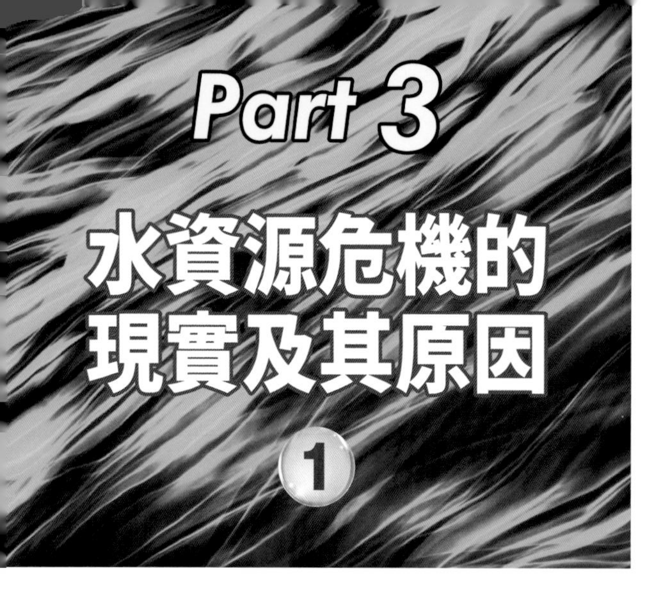


# 地球暖化是造成水資源危機的主因，其起因為何？

## $CO_2$等氣體增加導致氣溫上升

如今已發生全球規模的水資源危機，一般認為地球暖化是最主要的原因。

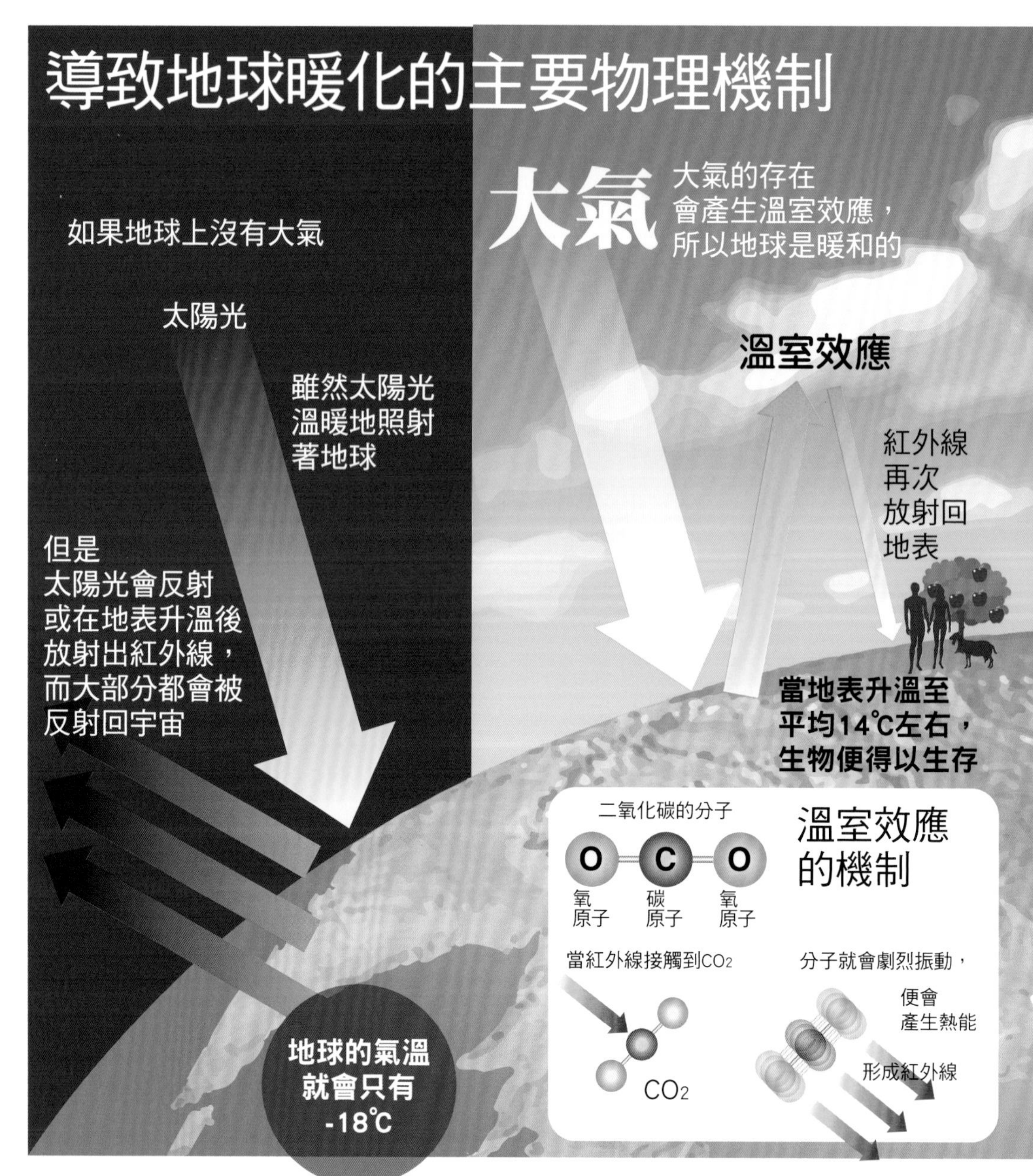

太陽光會照射在地球上，如果沒有大氣的話，大部分都會被反射回宇宙，地球的氣溫推估只有-18°C左右。然而實際上，地表卻升溫至平均14°C左右。這是因為大氣中含有所謂的「溫室氣體」，吸收了熱能（紅外線）並再次放射至地表所致。

溫室氣體包括二氧化碳（$CO_2$）、甲烷與氯氟烴等。從18世紀中葉展開工業革命以來，這些溫室氣體的濃度就開始上升，到了20世紀以後，濃度更是急遽增加。隨之而來的便是溫室效應加劇，世界各地的平均氣溫持續上升。此一現象即所謂的「地球暖化」。尤其是使用煤炭與石油等所排放出的大量$CO_2$影響甚鉅，顯然可說是人類所引發的異常變化。

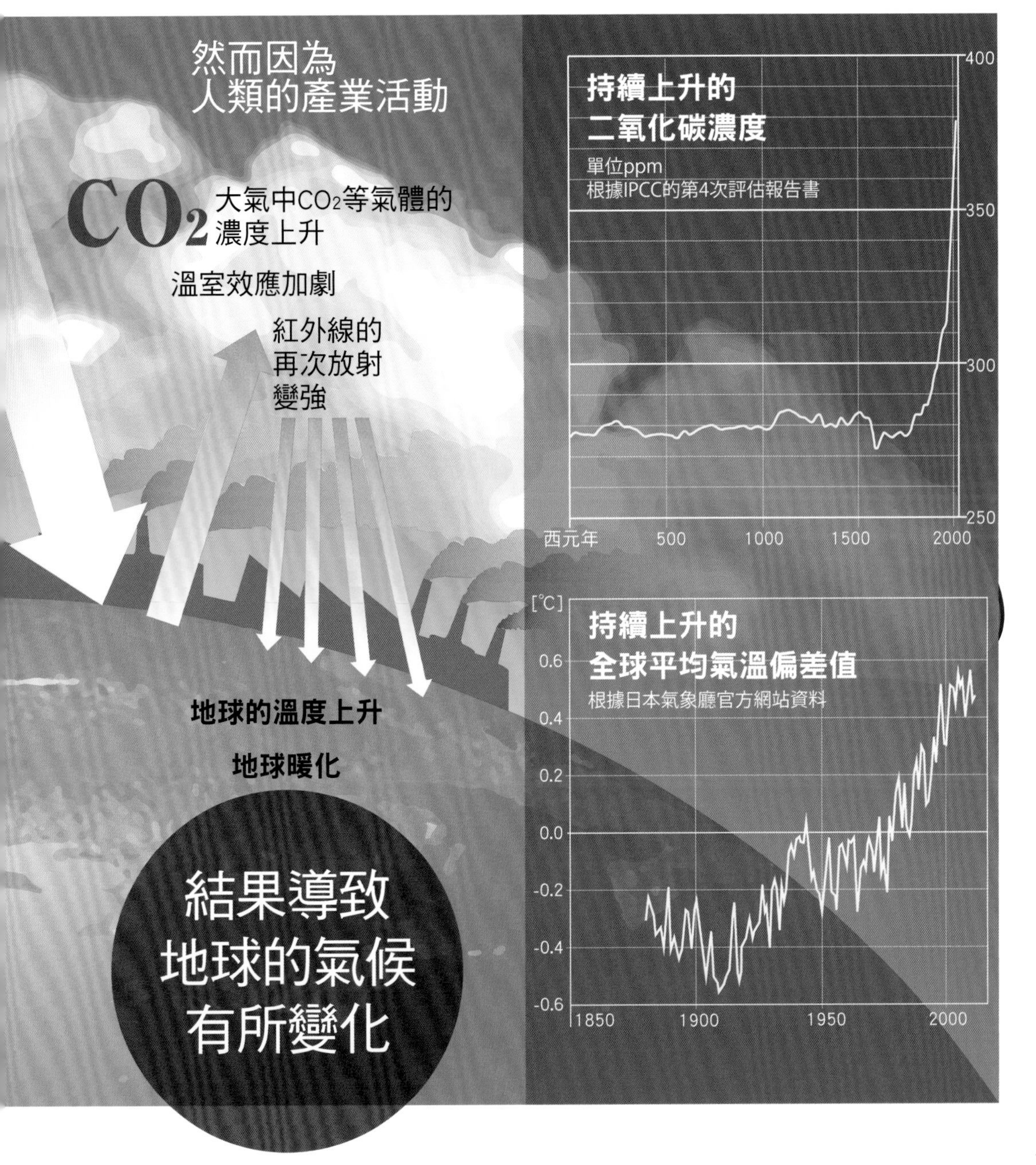

# 全球持續暖化 導致水循環產生變化

## 來自海洋並返回海洋的水循環

地球上存在的水資源總量十分龐大，但並非總是維持相同的狀態，而是會如下圖所示般，依循著一定的循環來改變型態與存在的地點。

首先是從海洋、河川或陸地蒸發的水，會化作水蒸氣並上升。在高空遇到冷空氣降溫後，水蒸氣會形成雲層，再降下雨。雨水降落至地面後會滲入土壤中，形成地下水，其中一部分則化為泉水，出現在地表。這些會流入河川中，最後抵達大海。隨後又再次蒸發，重複同樣的循環。

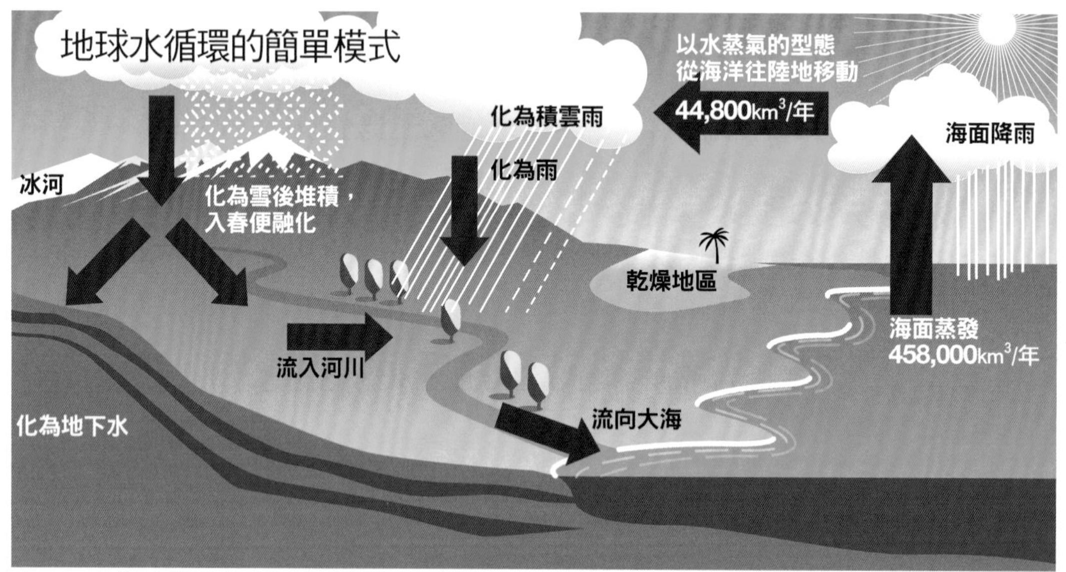


地球暖化擾亂了這個模式

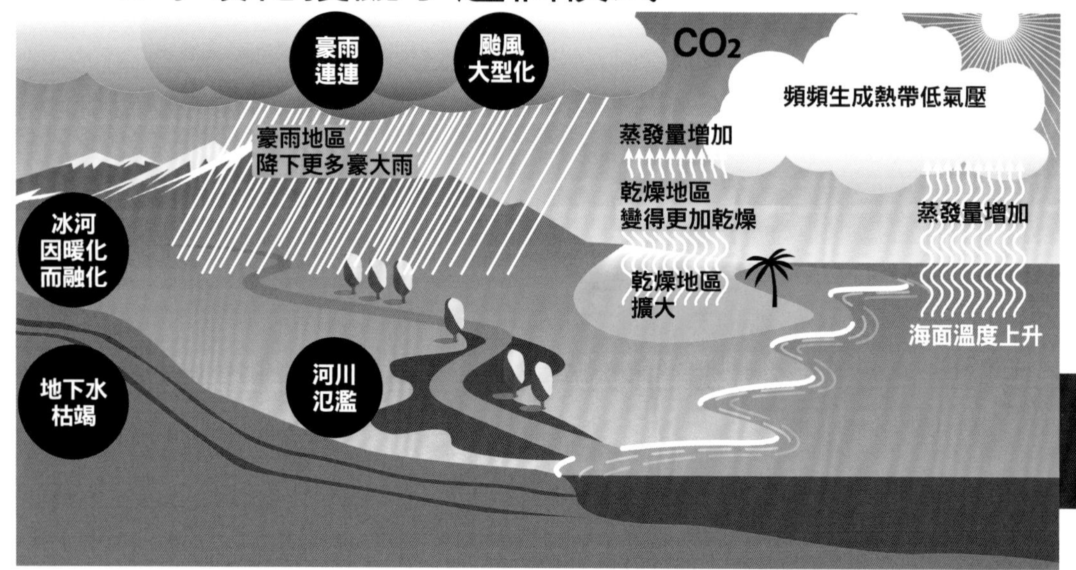

## 水的動態會隨氣溫上升而改變

然而，當氣溫因為暖化而上升，水循環就會發生變化。其中之一便是格陵蘭島與南極等處的冰層融化，使海平面不斷上升。海水升溫而膨脹也會造成海平面上升，在海拔較低的地區已經發生海水倒灌而導致地下水無法飲用的災情。

此外，一旦海水溫度升高，便會有更多的水蒸發而開始頻繁降雨。尤其是北半球的高緯度至中緯度地區，推估降雨量會增加，日本近年來豪雨變多也是受到這種暖化現象的影響。

另一方面，根據預測，地中海沿岸、中東、美國西部與澳洲南部等乾燥地區的降雨量則會減少，變得更加乾燥而造成缺水。

如上所述，一旦氣溫上升，水循環就會發生全球規模的變化。

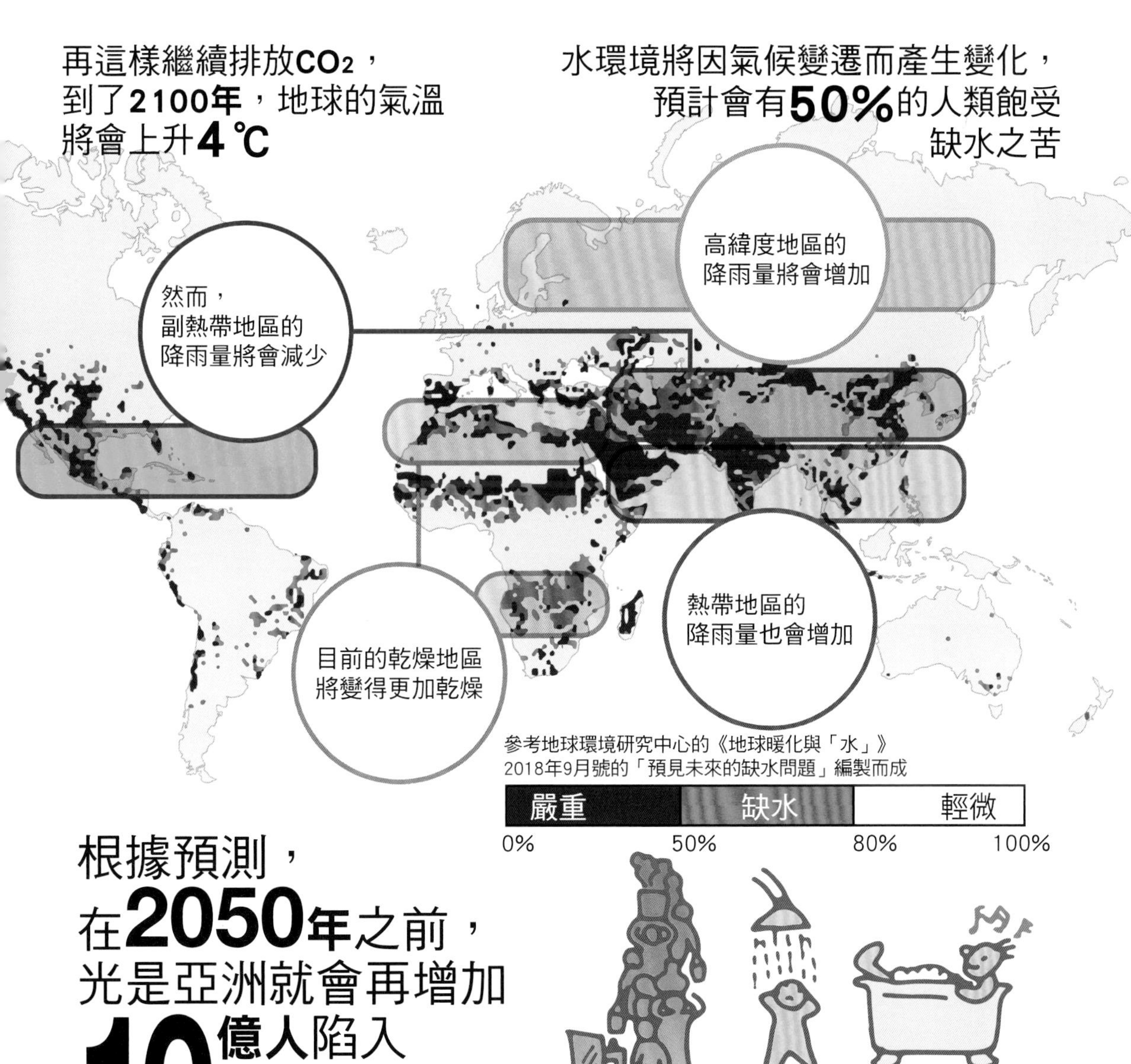


參考地球環境研究中心的《地球暖化與「水」》
2018年9月號的「預見未來的缺水問題」編製而成

根據預測，
在2050年之前，
光是亞洲就會再增加
10億人陷入
缺水的窘境

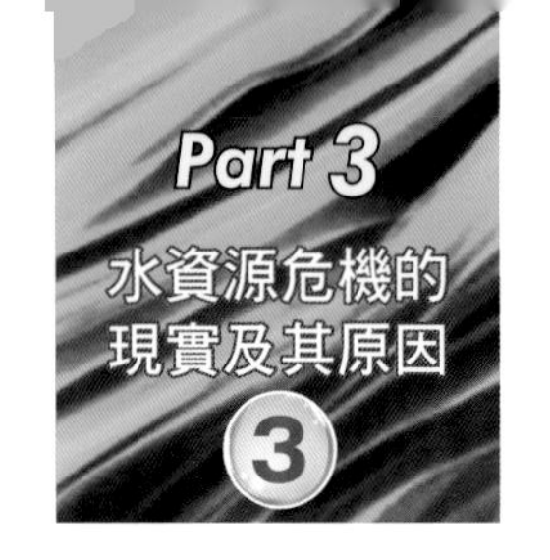


# 颱風因暖化而日漸大型化，水災的損害也隨之擴大

## 令和元年的第19號颱風肆虐日本

正如同我們在上一節的內容所看到的，地球氣候暖化大大改變了水的循環。其結果導致世界各地發生了各種水災。其中一種便是日漸大型化的颱風所引發的洪水與淹水等災害。

日本本來就是颱風頻仍的國家，尤其是2019年，接連有大型颱風登陸，對各地造成重大災害。其中又以第19號颱風最為嚴重，在廣大範圍降下破紀錄的豪雨，全日本因堤防潰堤與土石流等，沖毀了超過8萬棟房屋。

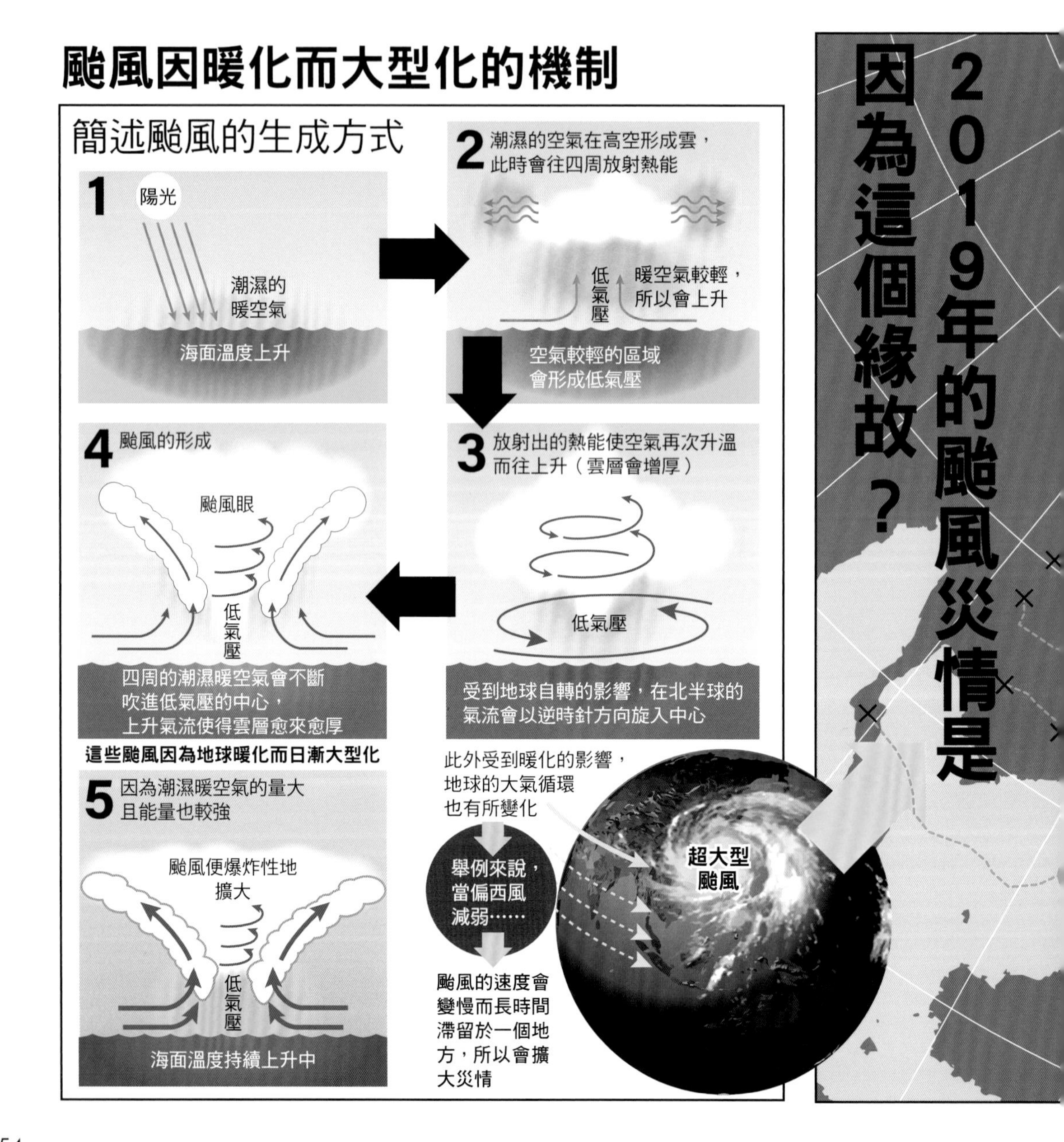

## 原因在於水蒸氣增加與氣流變化

近年來颱風之所以會日益大型化是因為暖化導致海水升溫，使得來自海洋的水蒸氣增加所致。如左頁插圖所示，颱風是生成於熱帶海面的熱帶低氣壓以水蒸氣所產生的熱能為能量發展而成的。一旦作為能量的水蒸氣的熱能增加，颱風的強度也會隨之增強而帶來暴風雨。以第19號颱風的情況來說，其暴風半徑最大為700km。

第19號颱風的另一個特色在於移動速度極為緩慢，在同一個地方長時間滯留並降下大雨。一般認為這也是因為暖化導致大氣流動產生變化，使位於日本上空的偏西風位置有所偏移。一旦颱風乘著偏西風而行，便會往東移動，但是這道偏西風比起往年往北偏移，因而削弱了推動颱風的氣流。颱風減速再加上豪雨，結果便加劇了災情。

# 世界各地的冰層融化，地球將沒入水中？

## 21世紀中葉，海平面將上升1m？

根據聯合國的IPCC（政府間氣候變遷專門委員會）在2013年公布的第5次評估報告書所示，自1993年以後，全球平均海平面每年會上升2.8～3.6mm。預計到了21世紀中葉，最少會上升26cm，最多甚至會上升98cm。

海平面上升最主要的原因之一在於，世界各地的冰層因為暖化而正在融化。說到冰層或許就會讓人聯想到北極，不過北極的冰層是漂浮在海面的結冰海水，根據阿基米德浮體原理（參照p32），冰層融化後體積也不會改變，因此一般認為對海平面上升的影

### 地球上的冰層已開始因為暖化而融化

#### 1 北極的冰層正在融化

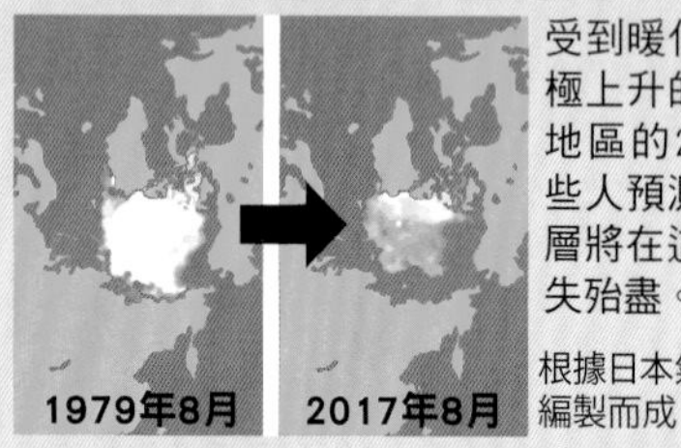


受到暖化的影響，北極上升的溫度是其他地區的2倍。也有一些人預測，北極的冰層將在這個世紀末消失殆盡。

根據日本氣象廳的資料編製而成

#### 2 格陵蘭島上的冰床正在融化

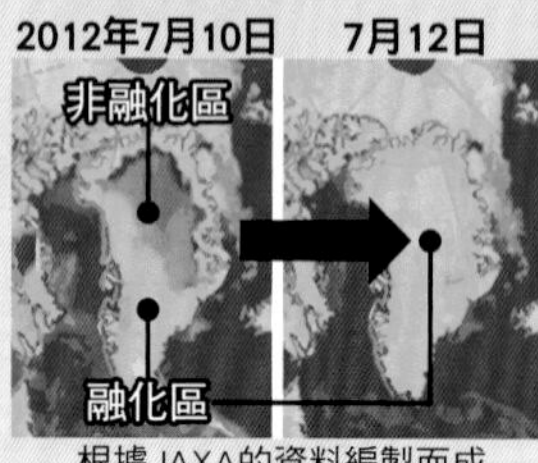


根據JAXA的資料編製而成

JAXA所運用的水循環變動觀測衛星「水滴號」觀測到，格陵蘭島上的冰床在入夏之後，全境已經達到融化溫度。2019年8月，觀測史上最大的冰層已開始融化，1天就有125億噸的冰融化。

#### 3 冰河正在融化

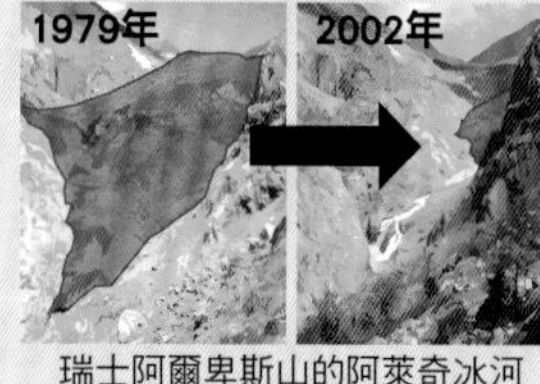


瑞士阿爾卑斯山的阿萊奇冰河

世界各地高山上的冰河自1940年代起便不斷融化，從1980年代起還開始加速，甚至有些冰河像阿萊奇冰河般已經消失。

#### 4 西伯利亞等地的永久凍土也正在融化

占了北半球20%的永久凍土也開始因為暖化而融化。土中的甲烷氣體等被釋放到大氣之中，有促進暖化之虞。

### 如果全球海平面上升6公尺 臨水的巨型都市將會如何呢？

#### 荷蘭周邊各地

#### 開羅周邊各地

#### 亞洲各國

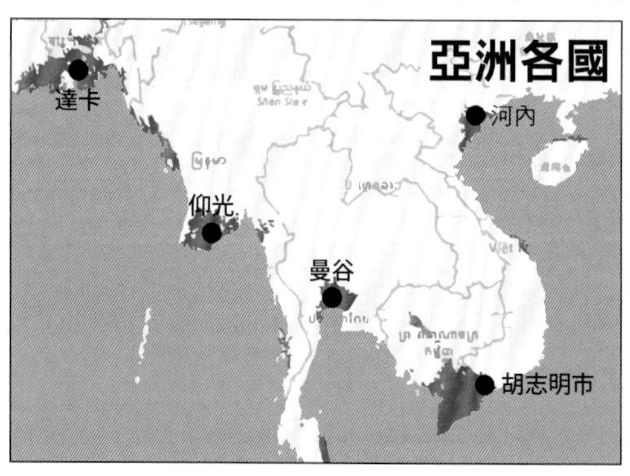

響不大。

##  世界各地的冰河正持續融化

影響較大的是積雪凝固後所形成的冰床或冰河。所謂的冰床是指覆蓋大陸的冰河，目前地球上僅存於南極與格陵蘭島，兩處的冰床都在一點一點地融化減少中。尤其是格陵蘭島，自1992年以後，冰床的減少便持續加速。此外，無論是位於山區的冰河，還是位於西伯利亞與加拿大等地的永久凍土，兩者的面積幾乎全都在萎縮中。

融化的水就此流入海洋，導致海平面上升。據說光是格陵蘭島上的冰床全部融化，海平面就會上升7m。世界主要都市大多位於大海附近，所以免不了會受到海平面上升的影響。如下圖所示，以東京為首的許多都市，將會從沿海地區逐漸沒入水中。

目前已架設一個網站，根據各種研究成果來模擬海平面上升的影響。一起來看看結果吧！

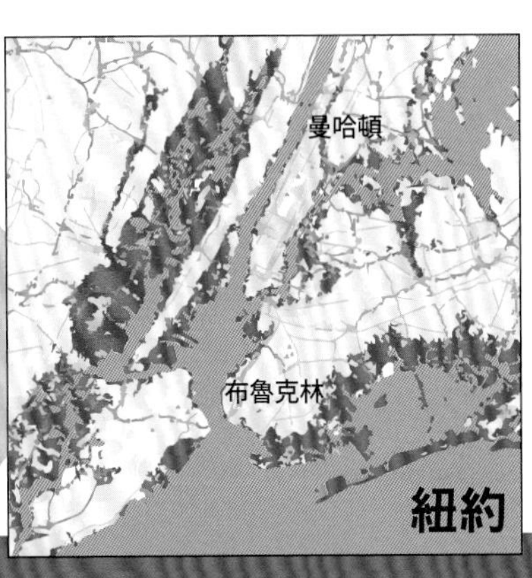


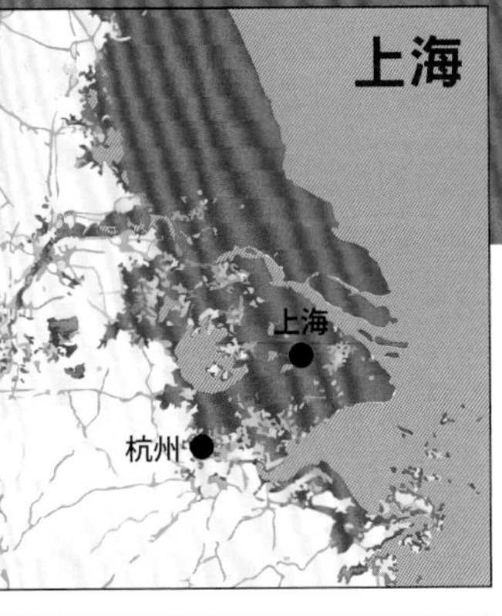

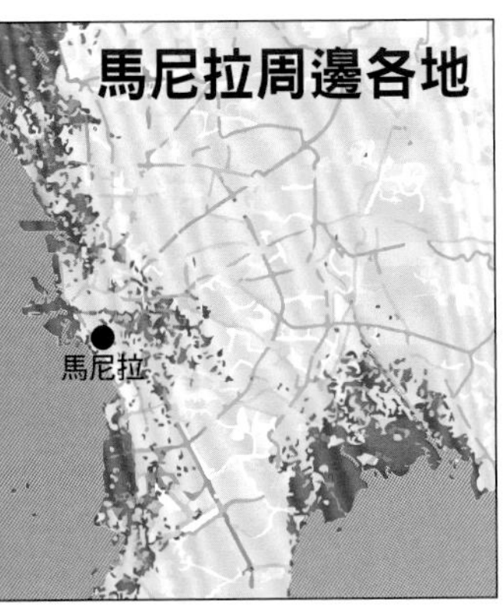


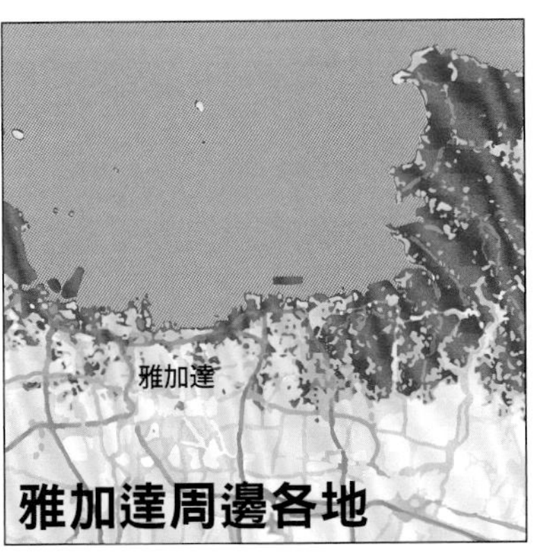

# 乾旱將會引發糧食危機

## 乾旱會直接衝擊農業

有些地區因為暖化而降雨量增加，另一方面，乾燥地區則愈來愈乾燥，已經發生嚴重的乾旱。所謂的乾旱是指長期沒下雨或雨量極少，導致土壤乾涸。如此便會無法栽種作物，會對農業造成重大打擊。

尤其是非洲，屢屢發生乾旱而引發嚴峻的糧食危機。2018～2019年，世界三大瀑布之一的維多利亞瀑布遭受大乾旱影響而幾近乾涸，導致4500萬人面臨糧食短缺。

## 乾旱會招致糧食危機

根據日本農業食品產業技術綜合研究機

### 全球的乾燥地區與主要農業產地

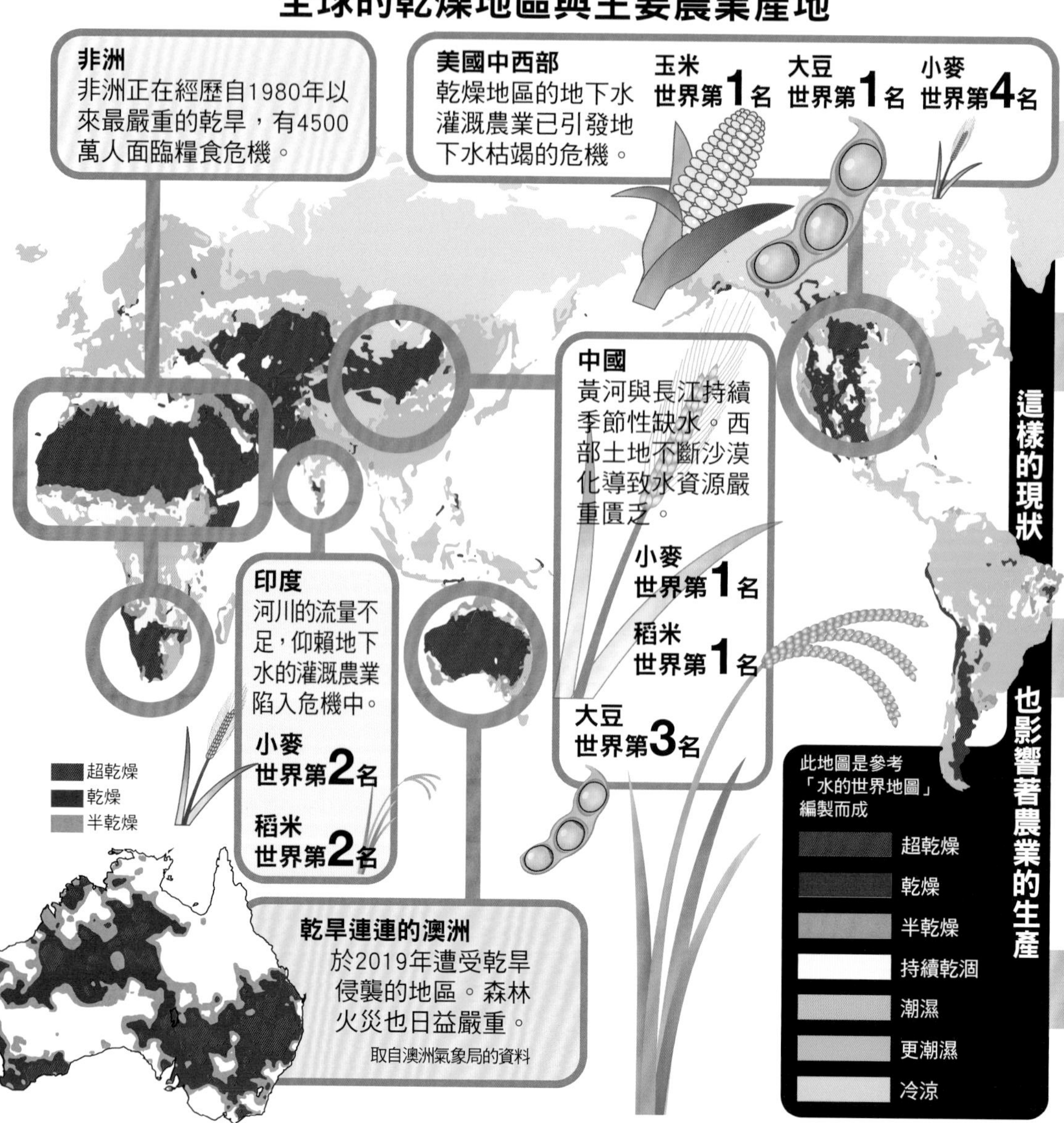

構（農研機構）的研究，1983～2009年的27年間，全球主要穀物的產地中，其實已經有4分之3遭受乾旱的危害，據說累計損失總額高達1660億美元。

玉米、稻米、大豆與小麥這類穀物，都是人類自古以來便持續生產的重要主食。然而，暖化的影響也悄悄逼近這些主要穀物的產地。舉例來說，在玉米與大豆產量位居世界之冠的美國，2012年就曾遇過嚴重的乾旱，而且還因抽取地下水用於農業灌溉，導致土地的沙漠化。同樣是穀物產地的中國與印度也發生了乾旱、河川乾涸與地下水枯竭等問題。

暖化還會帶來與乾旱完全相反的洪水，兩者都會對農業造成致命的打擊，招致嚴重的糧食危機。

## 暖化對農業生產造成的影響

根據日本農研機構的研究，以地圖來呈現過去27年間地球暖化對農業生產所造成的影響。標示紅色的地區是曾經減產的受害地區。主要產地皆蒙受損害。

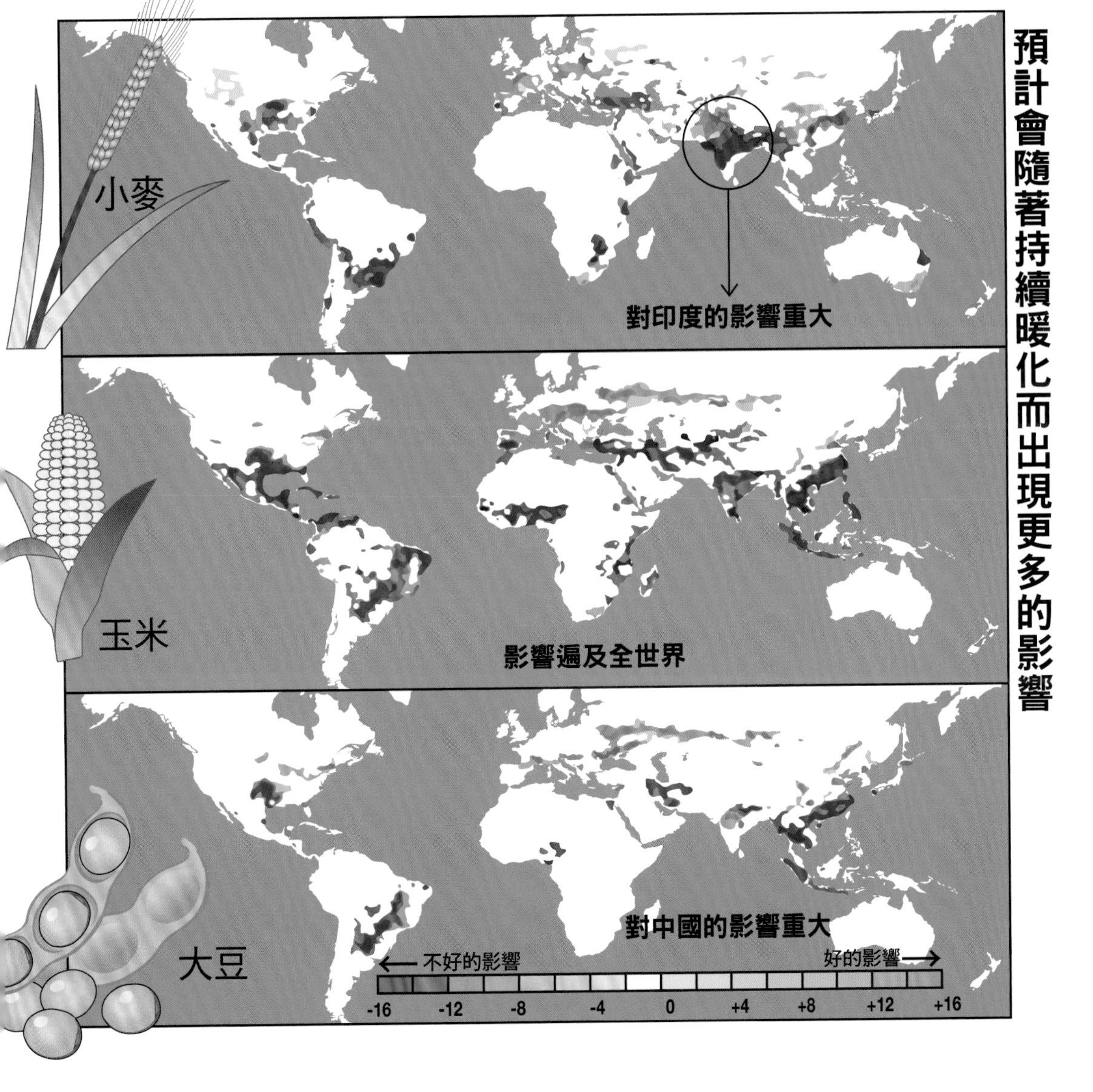

# 水環境的變化
# 導致生態系統逐漸崩潰

### 3成的生物將因氣溫上升而絕種

暖化所引發的水的異常變化不僅會影響人類，還會波及到所有動植物。

下方的地圖預測了歐亞大陸未來的氣候變化，並試著以右頁的插圖來呈現生態系統將會因此出現什麼樣的變化。

一旦地球的氣溫上升，不耐暑熱的生物就要不斷地往北遷移。極北之地則因冰層融化，導致北極熊等的生存備受威脅。另一方面，持續擴大的沙漠地區則因乾旱而失去水與食物，無法適應環境的生物就會逐漸被淘汰。而無法自行移動的植物將會陷入更嚴酷的處境之中。據說地球的平均氣溫只要上升

## 歐亞大陸的氣候將會因暖化而出現這樣的變化

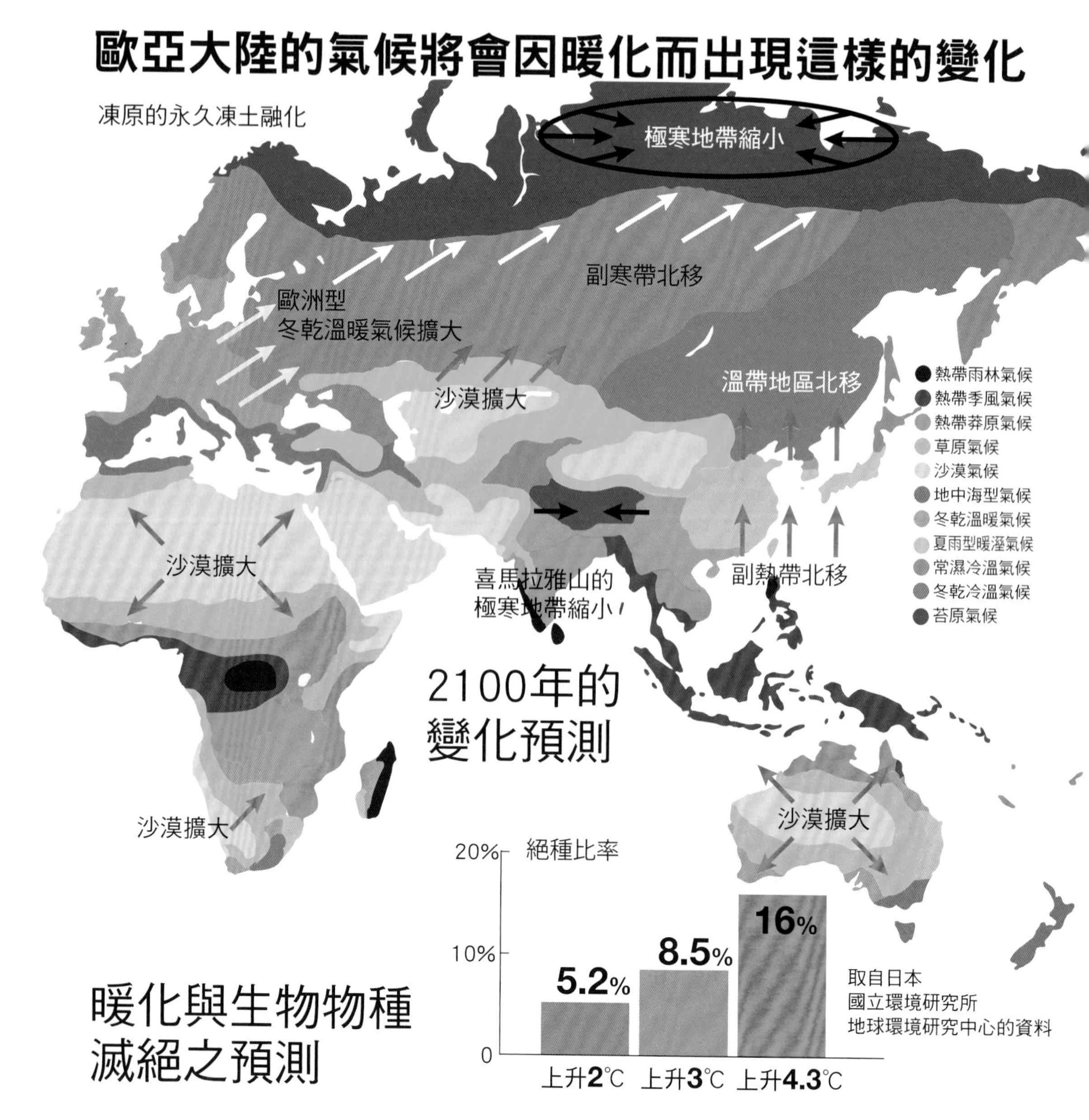

1～2℃，便足以讓20～30%的生物瀕臨絕種危機。

## 面臨絕種危機的淡水生物

暖化引發了水資源危機，首當其衝的便是生活在河川與湖泊等淡水中的生物。淡水是生物多樣性最豐富的環境，已經能適應各種環境的生物都在這裡棲息生存。然而一旦水溫上升，偏好冷水的魚類就會往上游流域移動，物種的分布將會隨之改變。發生洪水或缺水時，河川的水質會惡化，可能會導致生物無法生存。

更有甚者，工業廢水、水壩建設與森林砍伐等人為因素也加速破壞淡水環境中的生態系統，光是1970～2000年的30年間，淡水物種的數量就減少了一半。魚貝類的減少也對漁業造成了影響，最終還是會波及人類的生活。

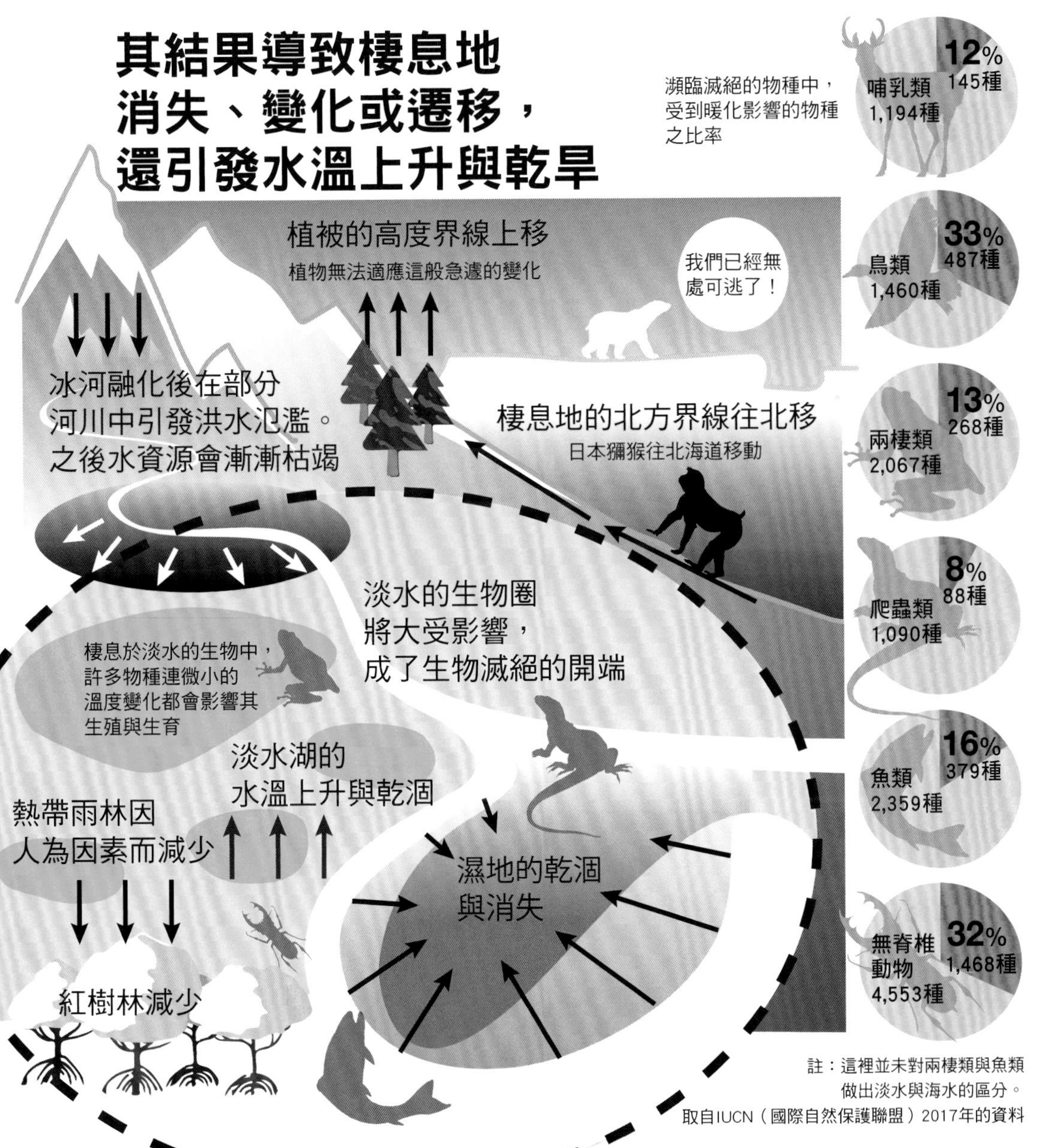

# 不斷增長的人口 加速了水資源壓力

## 人口在亞洲與非洲不斷成長

暖化所造成的氣候變遷，並非引發水資源危機的唯一原因。爆發性的人口成長也是一大主因。

目前全球人口約為77億人。日本等部分已開發國家持續少子化，可以想見人口將會減少，但若以全球規模來看，人口卻會持續增加，估計到了2050年會達到97億人。在人口不斷成長的亞洲諸國中，又以印度的成長率最高，一般認為印度會在2027年左右超越中國，成為世界人口最多的國家。此外，以擁有2億人口的奈及利亞為首，亞撒哈拉地區的人口也急遽增加。據說在2050

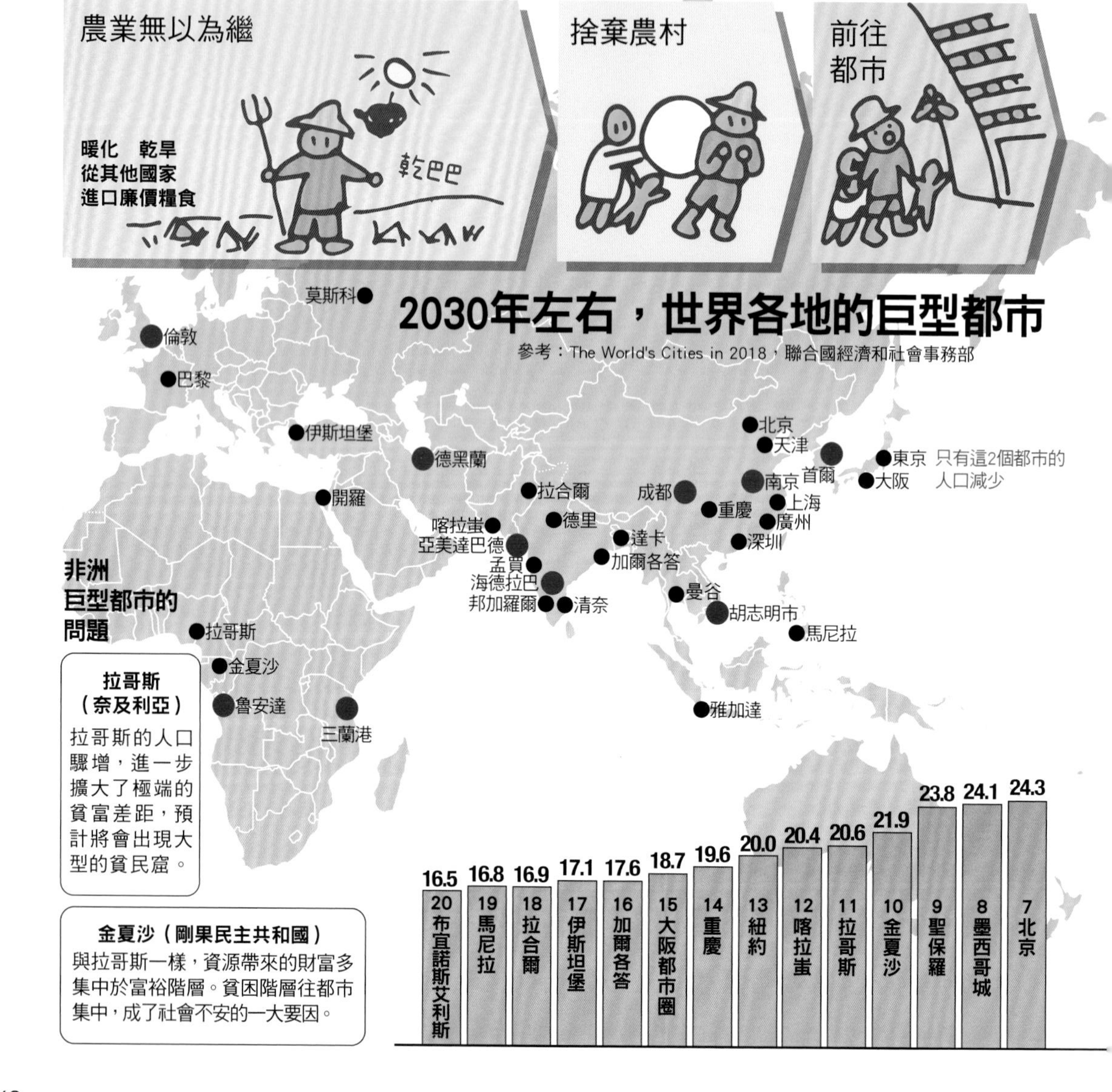

年之前將成長一倍。

## 人口過密的都市的水資源壓力

目前全球有55％的人口居住於都市地區。根據聯合國預測，這個數字到了2050年將會增加至68％。此外，全球目前有33座所謂的巨型都市，也就是人口超過1000萬人的都市，預測在2030年之前將增加為43座，且大多會出現在開發中國家或新興國家。

當人口快速集中於都市，便會引發各式各樣的問題。其中一項便是水資源短缺。如p10～11所看到的，即便有水，只要人口一多，人均可用水量就會變少。往後，人口將繼續成長的開發中國家，會因為上下水道建設落後，使得居住在貧民窟的窮人，不僅得不到公共資源的服務，也會處在衛生不足的環境中。據說目前居住於貧民窟的人口為10億人，如果再繼續增加下去，想必會面臨嚴重的水資源壓力。

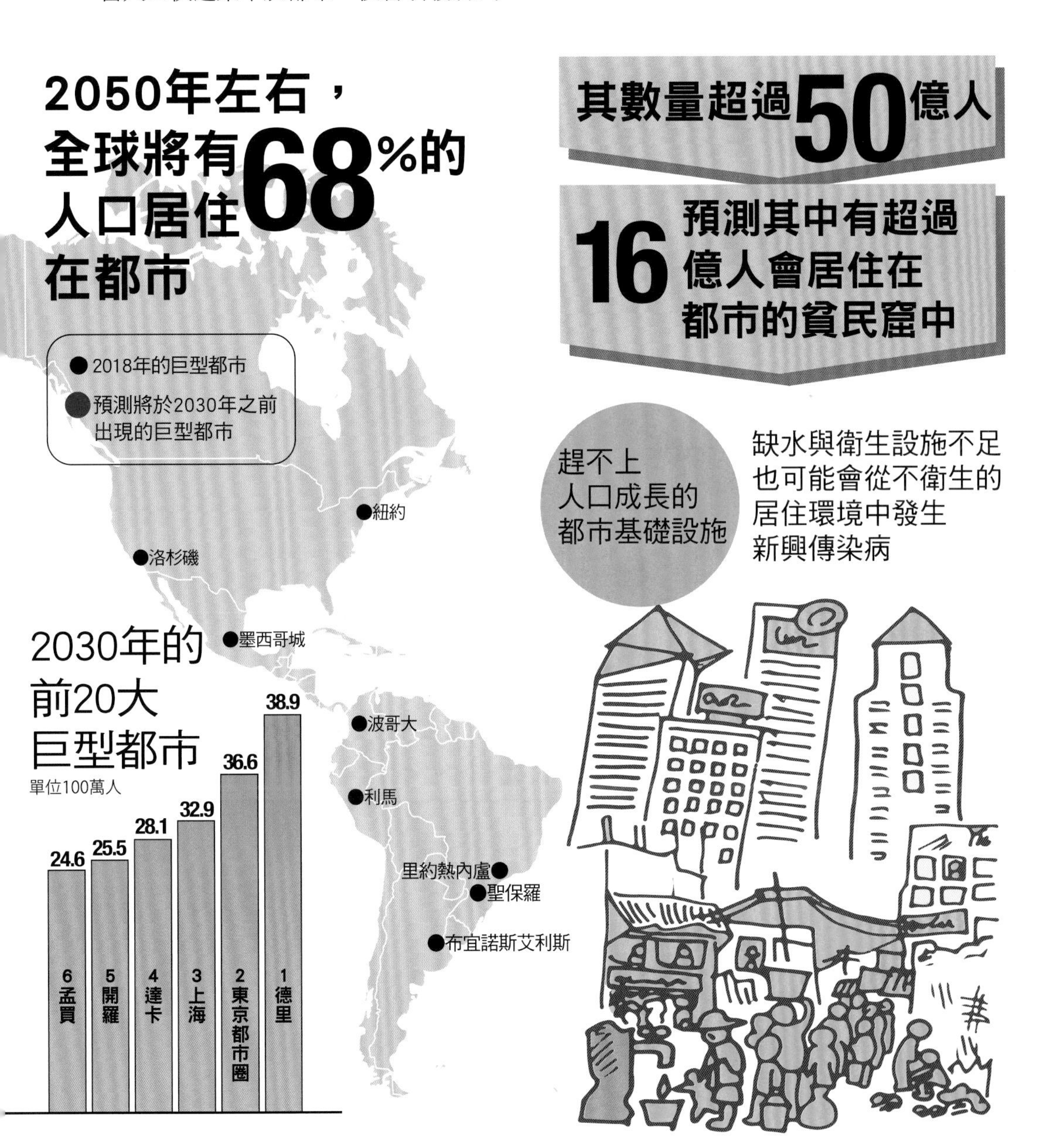

# 人類的生活與產業
# 汙染了河川與大海

## 汙染的河川危害3億人的健康

談到引起水資源危機的原因，不可或忘的是，我們人類一直在汙染著珍貴的水。

日本在經濟高度成長期的1950～1960年代，工廠的廢水都是直接排入河川或是海洋，其中所含的有毒物質導致許多人染上怪病，在各地造成環境公害問題。之後的半個世紀，水質雖然獲得改善，但是世界並未記取日本的教訓，如今仍因隨便排放產業廢水與生活廢水而使河川遭受汙染，導致多達3億人的健康備受威脅。

## 汙染水資源的有害物質

如右欄所示，汙染水資源的物質有很多種，每一種都是從人類的生活或產業活動中排放出來的。流入河川中的有害物質不僅會危害人類，對於棲息在水中的生物也會造成影響。最麻煩的是地下水的汙染。有別於河川汙染，從地表滲透至地底深處的有害物質是很難清除的。

更嚴重的是海洋汙染。有些有害物質會像昔日農藥裡所用的DDT般，儘管現在已經禁止使用了，但過去排放的物質仍會永久殘存下來。塑膠垃圾現在已成了新的汙染源並造成問題，當其碎裂成微粒後，河流或海水會吸附這些有害物質並增加汙染的濃度，對生態系統造成影響。

### 汙染水資源系統的各種物質

- 礦工業排放的金屬類
  鎘 水銀 鉛 銅 鋅 鉻
- 化學工廠排放的汙染物質
- 農業排放的農藥等有害物質
- 酪農業排放的抗生素等
- 人口密集所排出的汙水
- 都市所排出的生活廢水
- 急遽增加的塑膠製品

根據2016年聯合國環境規劃署（UNEP）提出的報告顯示，亞洲、中南美與非洲的河川汙染問題，導致3億人面臨健康壓力

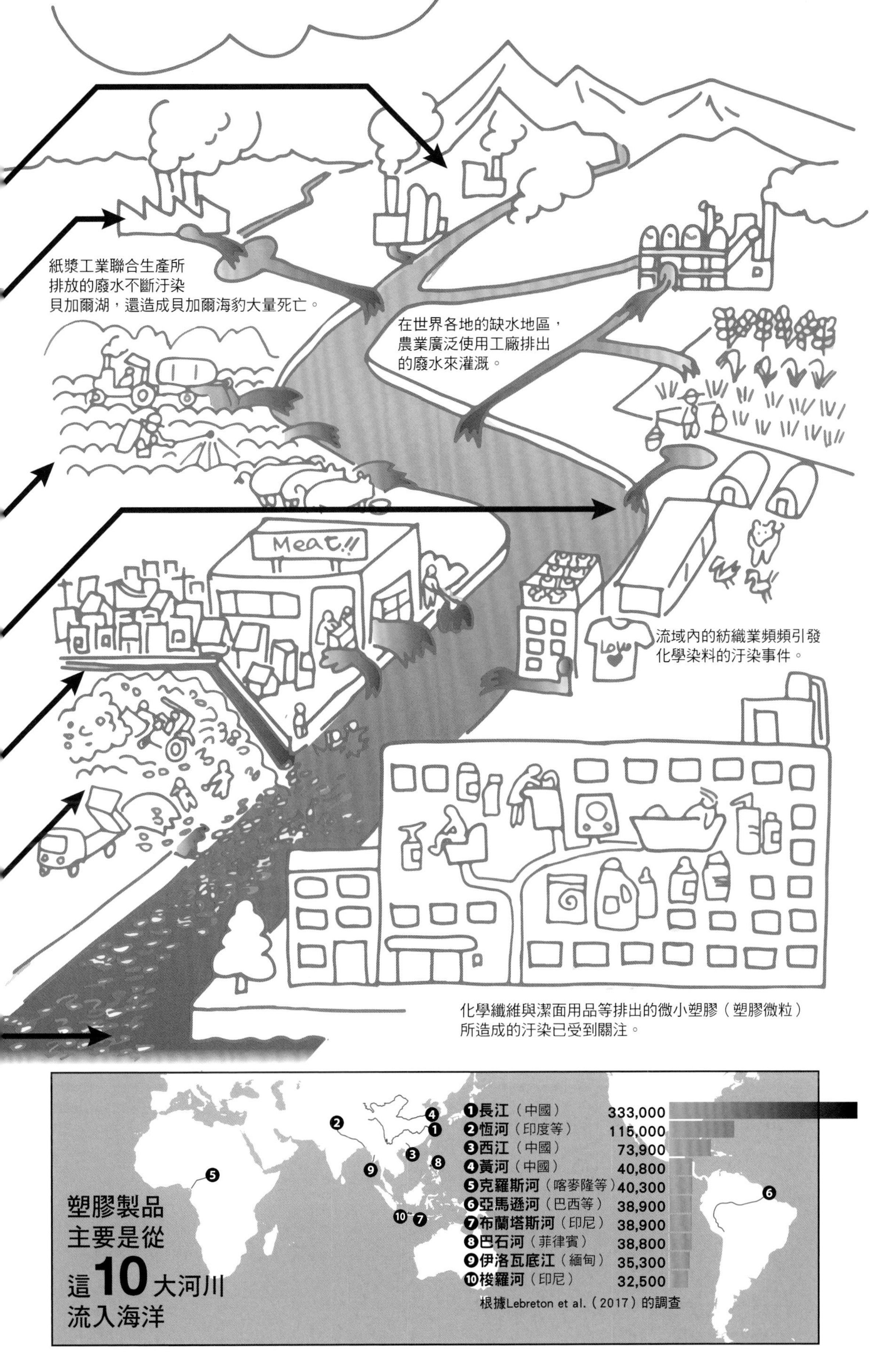
紙漿工業聯合生產所
排放的廢水不斷汙染
貝加爾湖，還造成貝加爾海豹大量死亡。
在世界各地的缺水地區，
農業廣泛使用工廠排出
的廢水來灌溉。
Meat!!
流域內的紡織業頻頻引發
化學染料的汙染事件。
LOVE
化學纖維與潔面用品等排出的微小塑膠（塑膠微粒）
所造成的汙染已受到關注。
塑膠製品
主要是從
這10大河川
流入海洋
❶長江（中國） 333,000
❷恆河（印度等） 115,000
❸西江（中國） 73,900
❹黃河（中國） 40,800
❺克羅斯河（喀麥隆等） 40,300
❻亞馬遜河（巴西等） 38,900
❼布蘭塔斯河（印尼） 38,900
❽巴石河（菲律賓） 38,800
❾伊洛瓦底江（緬甸） 35,300
❿梭羅河（印尼） 32,500
根據Lebreton et al.（2017）的調查

# 因水質汙染而喪命的非洲兒童

##  侵襲幼兒的腹瀉與瘧疾

水一旦遭到汙染，不僅不能作為飲用水來使用，還會引發各種疾病。目前特別嚴重的問題是，許多發展中國家的孩子，他們的生命正受到水的威脅。

根據聯合國兒童基金會的報告書指出，2018年全球5歲以下兒童的死亡人數為530萬人。右頁的圓餅圖中顯示了死亡的詳細原因。其中與水有關的是腹瀉與瘧疾。

因腹瀉而喪命的兒童高達約44萬人。霍亂、傷寒與痢疾等皆會引起腹瀉，這些疾病都是經由被患者的排泄物汙染的水或食物所感染。所以好發於缺乏下水道或是衛生設

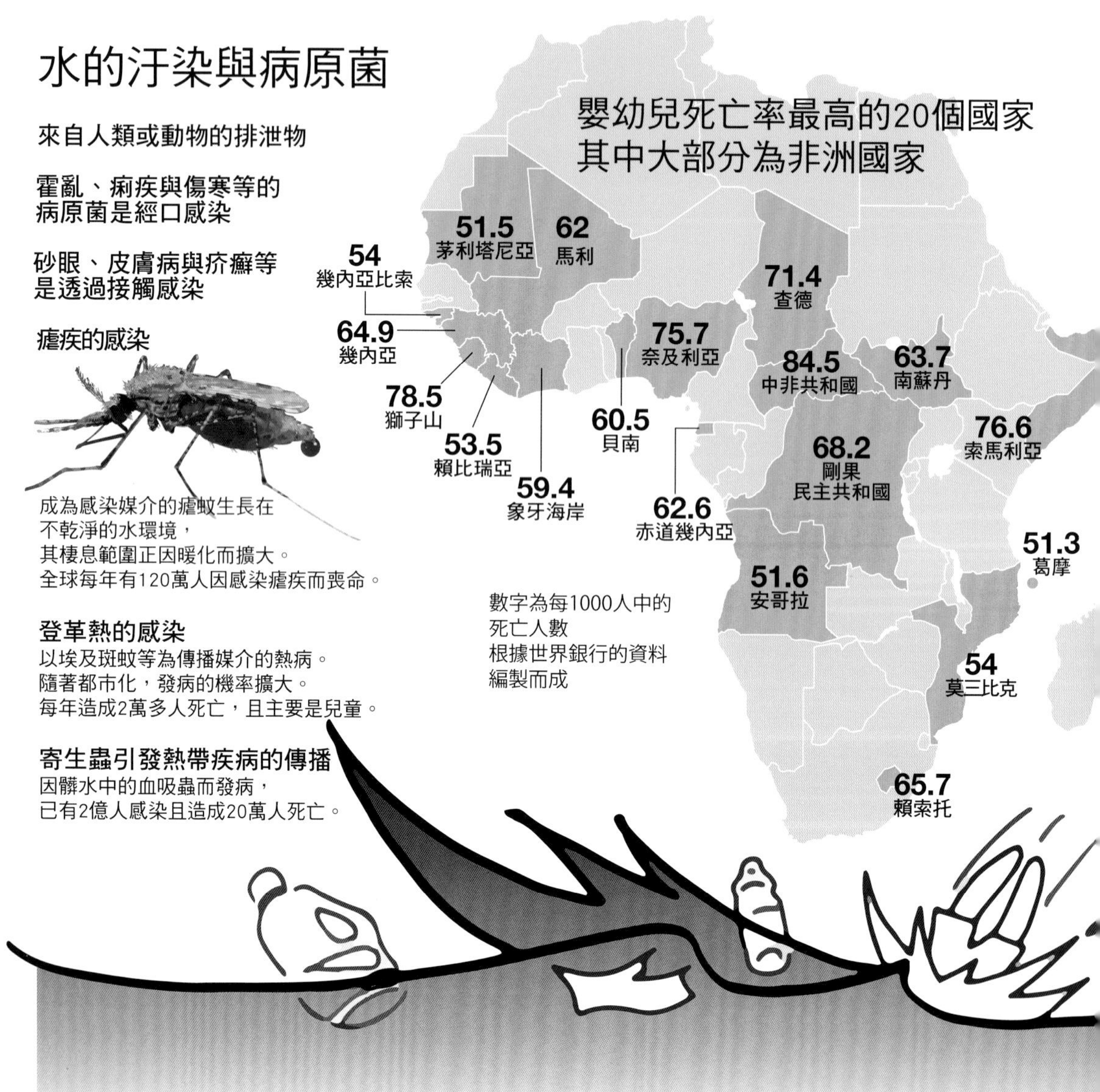

施，因而無法適當處理排泄物的地區。

此外，因瘧疾而喪命的兒童人數大約為26萬人。瘧疾是以生長在積水中的瘧蚊為媒介，被瘧原蟲感染而發病。營養不良或是抵抗力較差的孩童很容易轉變為重症而危及性命。

##  亞撒哈拉地區的迫切課題

亞撒哈拉地區是最多孩童因腹瀉或瘧疾而喪命的地區，也是世界上最多人無法取得安全的飲用水，且無乾淨的衛生設施可用的地區。許多人生活在貧困的農村地區，缺乏與衛生相關的知識。只要打造一個衛生的水環境並貫徹洗手等習慣，即可拯救無數孩童的性命。

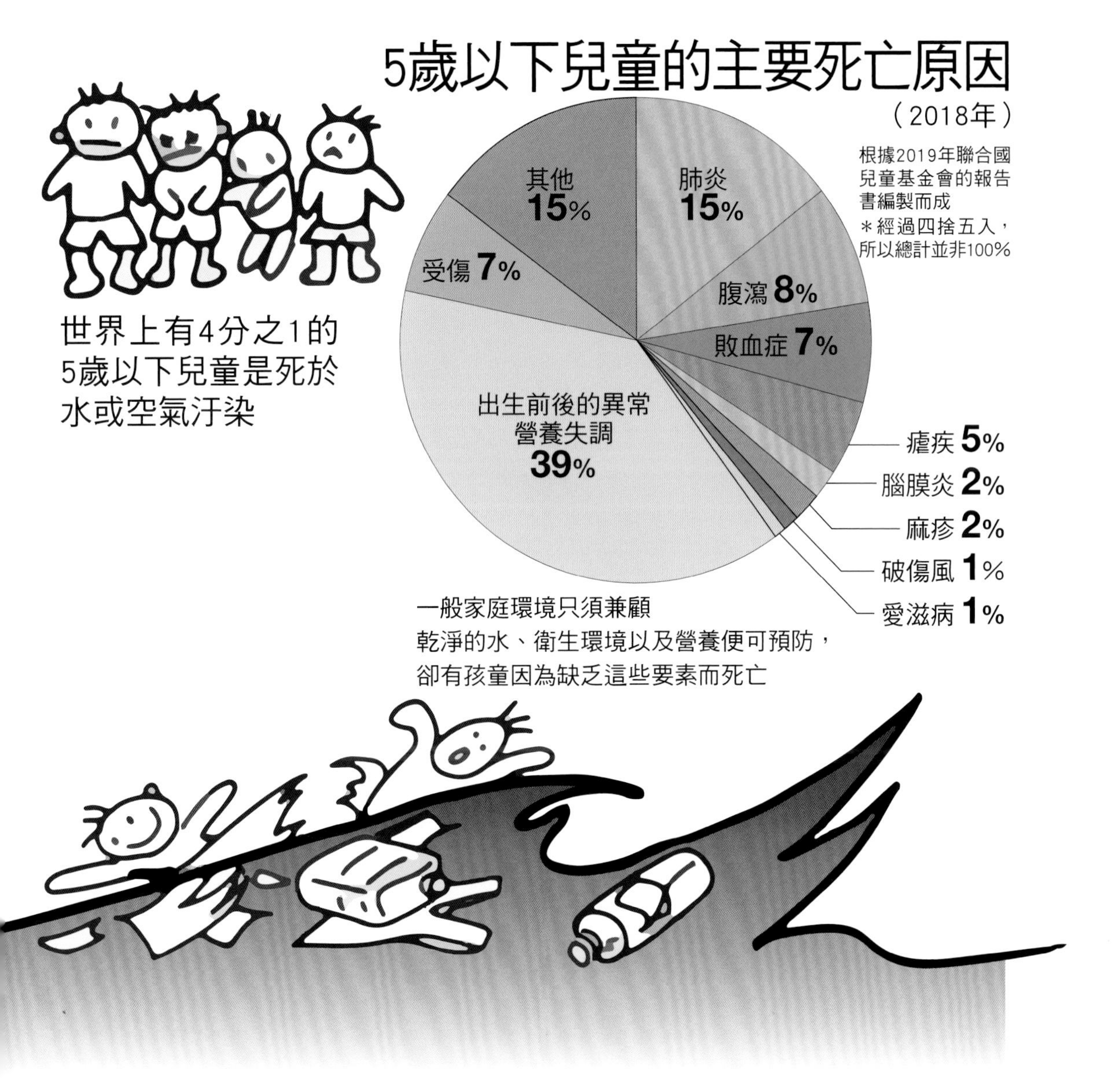

# 用以利水・治水的水壩正在破壞水循環

## 水壩的安全神話正在瓦解

人類為了利用河川，絞盡腦汁想出各種方法。其中一種便是將河川阻隔起來，築起堤防用以蓄水的水壩建設。其歷史悠久，古代埃及就已經開始建造水壩，用以引水至農地等處。

隨著技術的進步而開始建設大規模的水壩，是20世紀前半葉的事。美國的胡佛水壩於1936年竣工，之後，世界各地紛紛開始建造巨型水壩。

水壩可大致分為兩種作用。一種是「利水」，用於農業、生活與水力發電等處，另一種則是「治水」，調節河川水量藉以預防洪水或是缺水。然而，近年來有人發起反水壩建設運動，導致建設相繼中斷。理由有很多種。

首先，由於是巨大的水壩建設，所以居住在當地的人們會被迫全村遷移。村落沉入水底，自然環境也會遭到破壞。人工打造出的蓄水池中，沒入水中的植物與有機物皆會釋放出大量的溫室氣體，進而加速暖化。此外也有人指出，一旦發生大洪水，水壩便會遭到破壞，使得洪水災害擴大，就算沒有洪水，也有可能因為阻斷了自然的水循環而導致下游蒙受缺水之害。

有了水壩便可預防水患，十分安全——這樣的神話正在一步步瓦解。

## 世界進入巨型水壩的時代

**1942年　大古力水壩（美國）**

堤防長度1271m，為世界最長。

**1954年　歐文瀑布水壩（烏干達）**

蓄水量世界第一，相當於98座琵琶湖的水量。

**1959年　卡里巴大壩（辛巴威與尚比亞）**

水壩的電力並未供應當地，而是由跨國企業壟斷。

**1965年　阿科松博水壩（迦納）**

蓄水量世界第四。

**1952年　板橋水庫（中國）**

板橋水庫建於大躍進政策的時代，是缺陷工程的產物。因1975年的豪雨而潰堤。這場洪水造成26,000多人死亡。

**1958年　三門峽大壩（中國）**

完成阻截黃河的大工程後即竣工。然而，因為黃河的泥沙淤積，2年內便停止運作。雖然經過大翻修，蓄水量卻不到計畫中的3分之1。

**1970年　亞斯文水壩（埃及）**

當時的總統納賽爾於尼羅河上建造了心心念念的水壩。

**1986年　古里水電站（委內瑞拉）**

發電量世界第三。

**2009年　三峽大壩（中國）**

攔截長江的水流，為發電量世界第一的巨大水壩。不過從計畫階段開始就有人對其構造上的強度提出質疑。如今下游流域的缺水與上游的水質汙染等問題已一一浮現。

## 以巨型水壩來進行利水·治水是始於這座胡佛水壩

- 供應產業與農業的用水
- 透過水力發電來供電
- 治水以預防洪水
- 治水以預防缺水

→ **河川的綜合開發**

**超大!!**

美國第32任總統富蘭克林·羅斯福在這座水壩的竣工儀式中如此說道：

「我來到這裡親眼見證，實在嘆為觀止！」

羅斯福在田納西河流域興建了無數水壩，並試圖透過這些公共投資來克服第一次世界大戰後的經濟大蕭條。這項政策被稱為**羅斯福新政**。

於1935年竣工。其高度為221m。阻截了科羅拉多河

**巨型水壩為近代國家的象徵**

**然而，**

**世界各地都出現反對建設水壩的聲浪**

建設工程費用過於龐大，建設時的貪汙不斷
關於中國三峽大壩的建設，一開始就出現了批判貪汙的聲浪

環境破壞與撤離居民所蒙受的損失過於龐大

**非但無法解決下游的缺水問題，反而造成水資源短缺**

為了發電，水壩在缺水時仍必須儲水，不能排放至下游

從湖面蒸發的水都浪費了

沉入水壩湖中的樹木與植物腐爛之後會產生大量的甲烷氣體。甲烷的溫室效應是二氧化碳的20倍

**非但無法預防大洪水，反而引發洪水氾濫**

水壩在蓄水量超出極限時會緊急放流，在下游引發洪水氾濫

**海洋會死亡**

水壩攔截了河川中含有豐富營養成分的泥沙（淤泥），導致海洋變得貧脊，從而破壞了海洋的生態系統

# 支持乾燥地區發展農業的地下水正面臨枯竭的危機

## 農業過度使用地下水

人類將水運用於多種用途，不過消耗量最大的是農業，約占全球年用水量的7成。現在超抽地下水來作為農業用水，已導致世界各地都陷入嚴重的缺水困境之中。

日本多雨，一般是利用河川或泉水來作為農業用水。引流至田地的水中，一部分會蒸發而形成雨，一部分則滲透至地下，最終流入河川。換言之，日本算是處在很接近自然水循環的狀態。

然而，在雨水少的乾燥地區，如果不斷抽取地下水，水便會停止循環。抽取的地下水水量超過由雨水補充的地下水，最終就會

## 地下水資源的構造

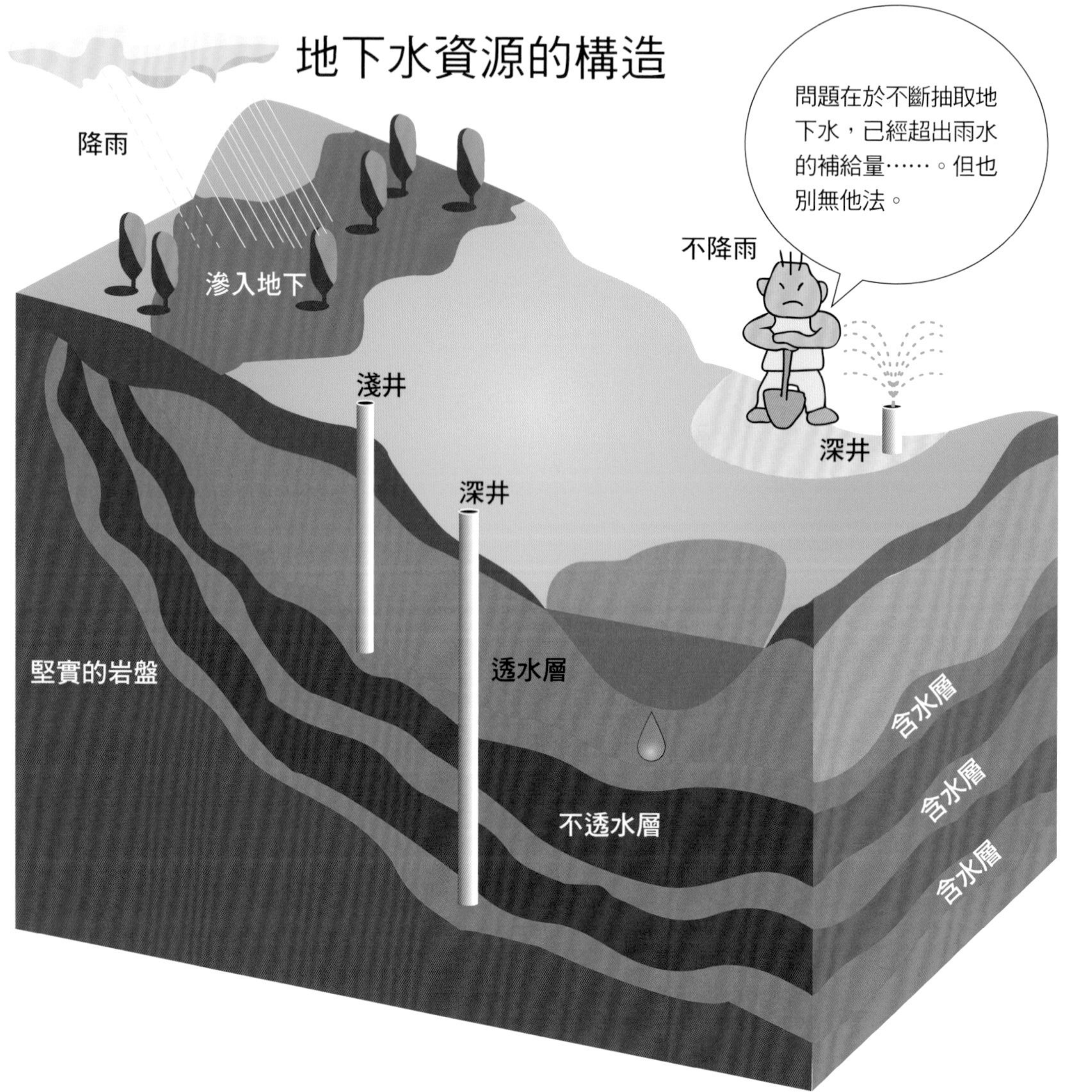


以日本製為首、1台600美元的小型抽水幫浦登場後，急遽改變了地下水資源的運用。
印度每年引進100萬台幫浦。

導致地下水枯竭。

##  全球同時糧食不足!?

飽含地下水的地層稱為「含水層」。隨著水需求的增加與強勁幫浦的普及，人們開始在世界各地的含水層挖掘無數座水井，導致地下水水位顯著降低。在p16～17已經探討過的美國奧加拉拉含水層便是其中一個例子。

在人口眾多的中國與印度，超抽地下水的問題也日益嚴重。中國已經因為缺水而導致小麥與稻米的產量下降。估計印度的穀物產量遲早也會受到衝擊。除此之外，中東與非洲也因為抽取地下水而造成持續性缺水。再這樣發展下去，全球各地的含水層很可能幾乎在同一時期枯竭，進而陷入糧食危機。

**科羅拉多州的丹佛盆地**

在仰賴地下水灌溉的農業地區，有些地方的地下水水位已經下降將近80m，有枯竭之虞。

**利比亞的缺水**

透過巨大水渠將水從努比亞沙漠的含水層引至利比亞，卡扎菲上校提出的這項計畫受挫，利比亞仍持續缺水。

**中國西北部糧倉地區的枯竭**

以華北平原為中心的小麥農家因超抽地下水而飽受水位下降之苦。目前是從地底300m處抽水，估計之後將會枯竭。

**奧加拉拉含水層的枯竭**

此為供應美國25%農業灌溉用水的水源，地下水水位也持續大幅下降，因此有枯竭之虞。

**加利福尼亞州的地層下陷**

加利福尼亞州中部也因持續乾旱而超抽地下水，導致地層下陷愈來愈嚴重。

**非洲西北地區的地下水層枯竭**

此為供水給北非大部分地區的淡水水源，但是50年後也會面臨枯竭的危機。

**整個國家都很乾燥的葉門**

根據聯合國的調查，葉門是最早缺水的國家，且已預計遷都。

**印度地下水的枯竭危機**

在可謂糧倉地區的旁遮普省等7個省分之中，90%的灌溉用水是地下水。其含水層的枯竭將會導致印度損失25%的糧食產量。

全球的糧食有一半是產自溫暖的乾燥地區，
水是仰賴地下的供給。
過度取用已經導致這些地下水開始枯竭。

# 暖化會造成骨牌效應，超過臨界點的日子終將來臨!?

## 上升5℃將導致冰床完全融化

已經有人敲響了警鐘：一旦地球超過一定的溫度，將會發生無法逆轉的急遽變化。據說如果受到暖化影響而緩慢發生的變化超過極限值，即所謂的「臨界點」，就會如多米諾骨牌般產生連鎖反應，一發不可收拾。

舉一個淺顯易懂的例子來說明，隨著氣溫的上升，格陵蘭島上的冰床會慢慢地逐漸融化。根據預測，氣溫只上升1、2℃，看不出多大的變化，溫度上升約4℃後，便會如平緩的曲線般逐漸減少。然而一般認為，一旦溫度上升超過5℃，冰床就會一口氣大幅減少，轉眼間便融化殆盡。引發這般急遽發展的極限值即為臨界點。

## 止不住的暖化骨牌效應

根據IPCC（政府間氣候變遷專門委員會）表示，自工業化以來，地球的溫度已經因為人類的活動而上升了1℃，再這樣下去，預計到了2030～2050年，將會上升至1.5℃。

右頁所示的插畫是「當地球的氣溫上升幾度，將會發生什麼樣的連鎖變化」的示意圖。一般認為，實際上會同時發生不同的變化，並在相互作用下使變化逐漸加速，不過這裡予以簡化。

首先，當地球上的冰床或冰河隨著氣溫上升而融化，融化後的水會流入海洋，導致海平面上升。想必會有許多陸地沒入水中，連海流都會隨之轉變。生態系統將會大亂，氣候變遷所引起的水資源短缺與糧食不足將會重創人類的活動。最終，經濟與產業都會

### 從格陵蘭島冰床的融解來看地球環境的臨界點

參考了《氣候賭局：延緩氣候變遷vs.風險與不確定性，經濟學能拿全球暖化怎麼辦？》（William Dawbney Nordhaus著，日經BP社出版）

衰退，陷入毀滅性的狀況之中。

根據推測，當氣溫上升5℃後，這一連串的變化將會如雪崩般發生且無法逆轉。然而，在已經遭受缺水、水災或淹水等災害的國家與地區，即便只上升2℃也會承擔莫大的風險。幾經協調之後，如今全世界都必須做出努力，讓暖化止於1.5℃。

# 地球環境走向崩潰的幾個臨界點
# 此與水資源危機密切相關

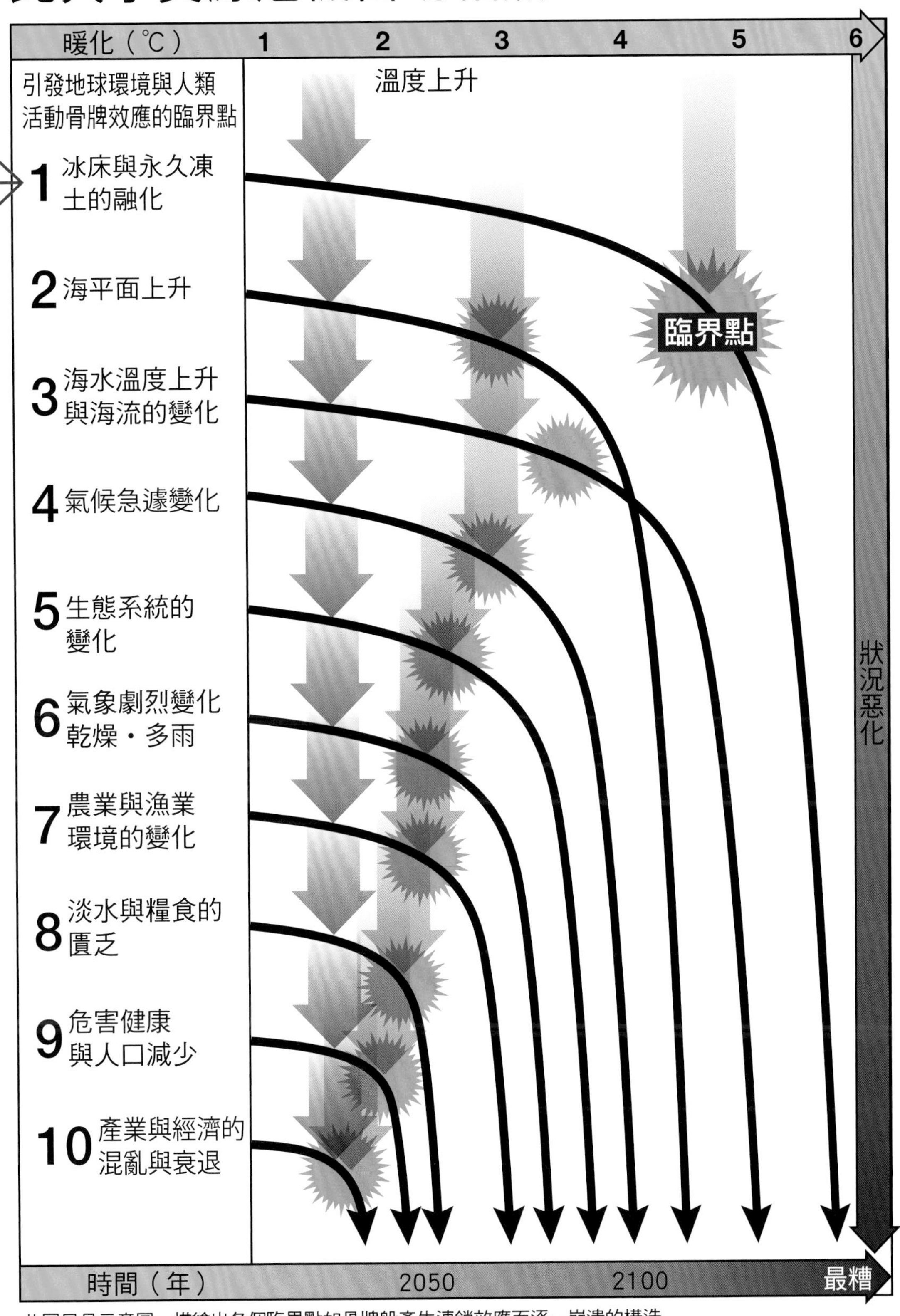


此圖只是示意圖，描繪出各個臨界點如骨牌般產生連鎖效應而逐一崩潰的構造

# 面對全球規模的水資源問題，要先從何處著手解決？

## 重新審視人類所打造的系統

水資源問題所涉及的範圍過於廣泛且各種要素交互影響，因此要找到解決方案並不

關於探究
水資源問題時的
問題基本結構

地球系統的變化
主要為暖化所引起的
氣候系統的變遷
+
人為利水・治水
系統的問題

水資源
危機

**非人為系統**
人類無法掌控的領域

**部分人為系統**
人類可以掌控部分的領域

**人為系統**
憑人類之力即可全面掌控的領域

容易。

2018年獲得諾貝爾經濟學獎的美國著名經濟學家威廉・諾德豪斯（William D. Nordhaus）主張，探究暖化所造成的氣候變遷時，必須區分為「非人為系統」與「人為系統」。所謂的非人為系統，是指人類無法掌控的領域。人為系統則是人類可以掌控的領域。兩者之間也存在著如農業一般的領域，雖然會受自然的影響，但人類可以掌控一部分。

舉例來說，雖然人類並無法阻止自然災害，但是可以為災害預作準備，打造一個能夠降低損失的系統。為了解決水資源問題，首要之務便是重新審視人類所打造的現有系統，並因應需求逐步做出改變。下一頁起，將逐一探究具體的解決範例。

**可能會超過臨界點的氣候變遷**

氣溫上升、海平面上升、海水酸化、乾旱與豪雨、生態系統的變化、生物物種滅絕等

**與自然相關的人類活動**

農業、林業、漁業、治水、利水、防災、自然環境保護、野生動物保護等

**人類打造的所有系統**

產業・經濟・金融系統、政治、國際合作、衝突調停與協商系統、社會生活的基礎建設、教育・醫療・福祉系統等

為了避免水資源危機所採取的具體行動

人類必須先從這個部分開始著手，該做什麼？又該如何執行？

# 可透過協議來解決水資源的相關紛爭

## 水資源的共同管理

水源之爭是與水資源相關的問題之一。正如p14～15所見，世界各地都為了流經多個國家的國際河川而發生水源爭奪戰。這些人類之間的衝突是我們必須控制並解決的問題。

過去也有人支持這樣的主張：任何國家都有權自由使用領土內的所有物，即便是河川亦然。然而，如果上游的國家任意使用河川的水，可能會造成下游的國家缺水或是水質汙染。為了消除這種不平等，流域內的各國開始希望能夠將河川視為共有財產並共同管理。

### 河流應歸屬於誰？

**1 歸上游國家所有的「絕對主權論」**

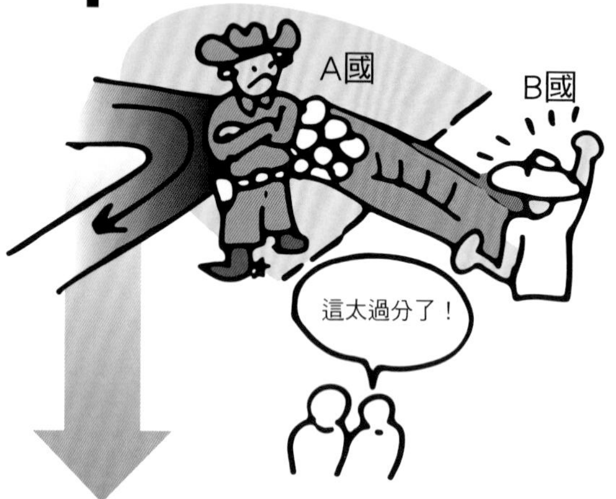


**2 流域內國家共有的「利益共有論」**

**3 河川的共同管理**

人們意識到必須由流域內的各國一起管理河川

1927年 最早的最低流量確保義務條約《斗羅河水力發電規定條約》

2010年 《尼羅河流域合作框架協議》（尚未成立）仍持續針鋒相對

**4 相關國家之間簽訂協議或條約**

利害關係國之間締結符合《國際法》的約定，並組織委員會以便共同管理

## 協商好過水源爭奪戰

聯合國於1997年通過的《國際水道非航行使用法公約》是一部與國際河川相關的國際公約，不過包括日本在內的多個國家都未批准，所以尚未生效。然而，該公約中所展現的「公平性」與「不對他國造成重大危害」的原則，已經逐漸成為世界常識。

如下圖所示，許多國際河川流域內的國家開始簽訂協議或條約，以便確保最低限度所需的水資源。因此，如今伴隨著暴力的水源爭奪戰已經顯著減少。

今後需要建立一個框架，確保各國都能謹守已簽訂的協議或條約，即便河川的水量或國家狀態有所改變，也能維持公平的水資源分配。

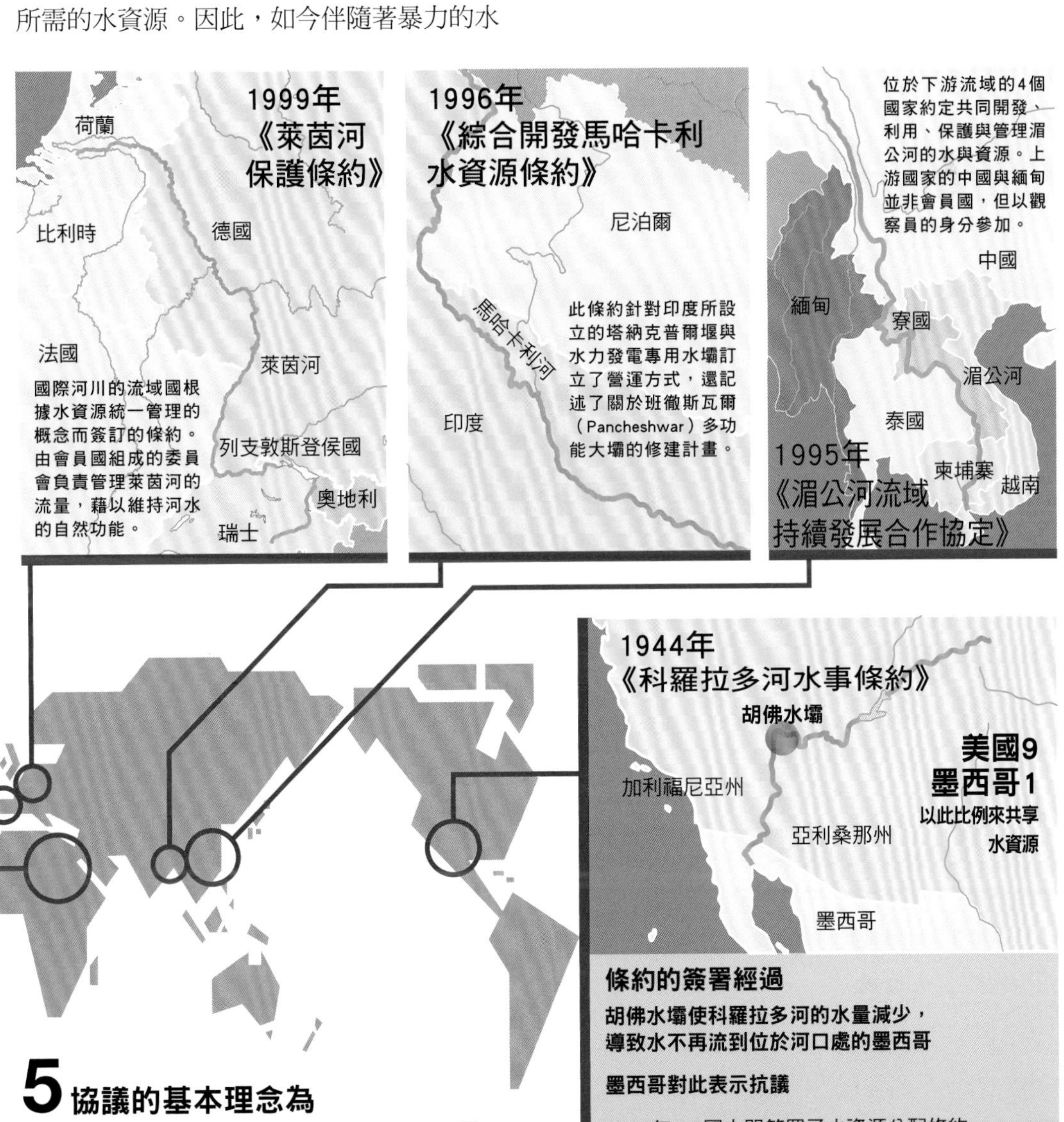

# 紐約與東京為了守護巨型都市 免於水災侵襲所做的嘗試

## 在曼哈頓建造多功能堤防

美國近年來老是遭受強烈颶風的肆虐，因而以美國住房及城市發展部（HUD）為中心，開始強化防災工作。2012年，紐約遭受颶風「珊迪」侵襲，因為淹水癱瘓了都市功能。於是HUD公開招募可抗水災的都市設計，並透過競賽選出了7個方案。

「BIG U」專案為其中之一，旨在打造具備堤防功能的公園或購物中心，以便守護世界金融中心曼哈頓的南部免受暴潮侵襲，別具劃時代意義。提案的專家團隊與紐約市合作，將居民的意見、地區經濟與自然環境等都考慮在內，展開重新開發。

**New York**
**守護曼哈頓島的 Big U專案**

從颶風珊迪造成的災情中吸取教訓

紐約市將此災害轉變為商機 啟動了一項高達1兆9000億美元的龐大專案

**阻擋來自大海的水**
在周圍建造一堵高6m的牆

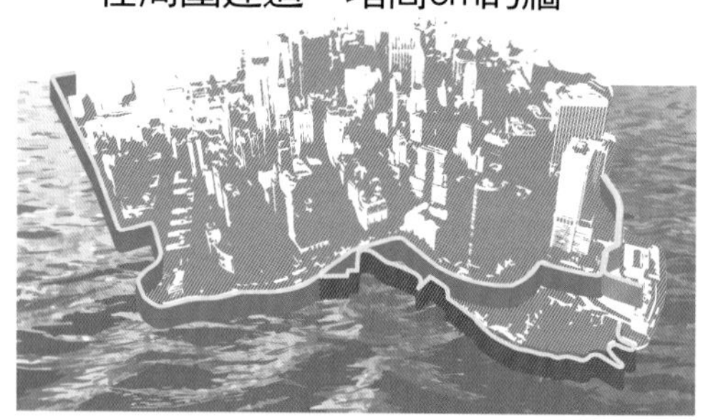

Big U專案中活用了低地國荷蘭的防災智慧

這並非單純的牆，而是一座
**多功能堤防**

還要建設形形色色的商業設施、公園、水池與水族館等，力圖活化都市

還舉辦了設計競賽　紐約市民也可以參加

## 地下水池保護東京免於水患

另一方面，以東京為中心的日本首都圈則從過去颱風與豪雨所造成的災情中吸取教訓，打造出巨大的防災設施。

首都圈內有許多條河川，為了在上游攔阻洪水，不僅建設了好幾座水壩與蓄水池，連利用地底的龐大治水設施也十分完善。首都圈外圍排水道於2006年完工，位於地底50m、全長達6.3㎞，是世界最大規模的排水道。其作用在於承接位於低地而容易氾濫的河流洪水，再引流至江戶川。此外，市中心的地底下還有神田川環狀七號線地下調節池等多座蓄水池，用以儲存從河川溢流而出的水。

這些設施於2019年第19號颱風來襲之際也發揮了作用，保護市中心免於淹水。

# 用海水製造淡水的技術 讓沙漠中出現了巨大都市

## 始於中東的海水淡化

阿拉伯聯合大公國的第二大都市杜拜，是誕生於沙漠的近代大都市，正在急速發展中。支撐超過300萬人口的自來水，其實大部分都是以海水製成。

在雨水較少的中東沙漠地區，水資源大多依賴地下水。然而，人口快速成長導致地下水短缺，將海水轉化為淡水的技術於是開始受到矚目。

初期所引進的方法是：讓海水蒸發，使其與鹽分離。不過，此法有個缺點是需要大量的熱能。

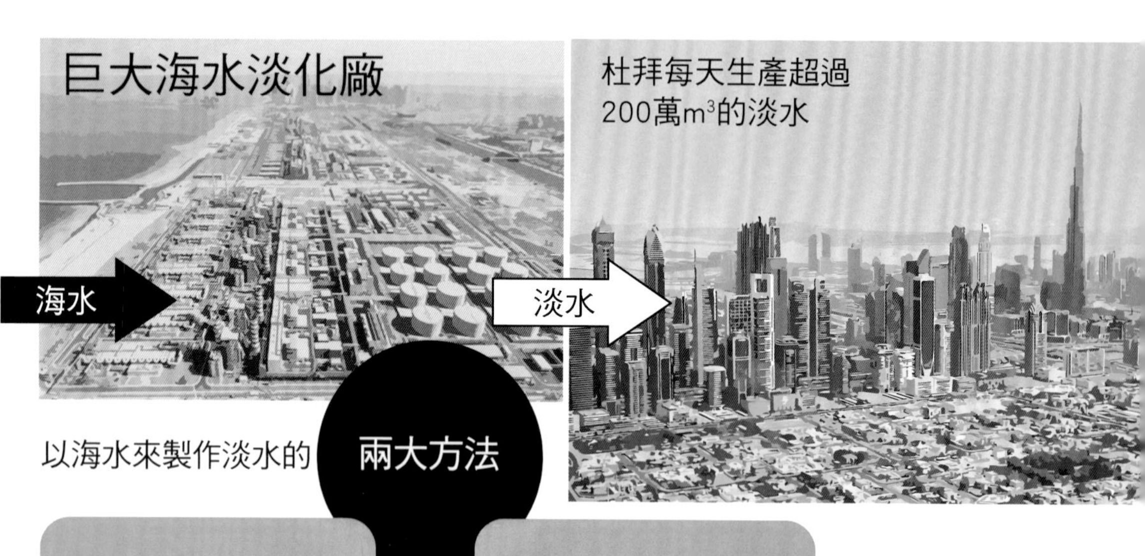


**海水蒸餾法**

**多級閃蒸法**

基本作法是先加熱海水，使其轉化為蒸氣，再讓那些蒸氣冷卻凝結，即成為淡水。這種方法需要極大的熱能，一直以來為產油國等富裕國家所使用。

**海水過濾法**

**逆滲透膜法**

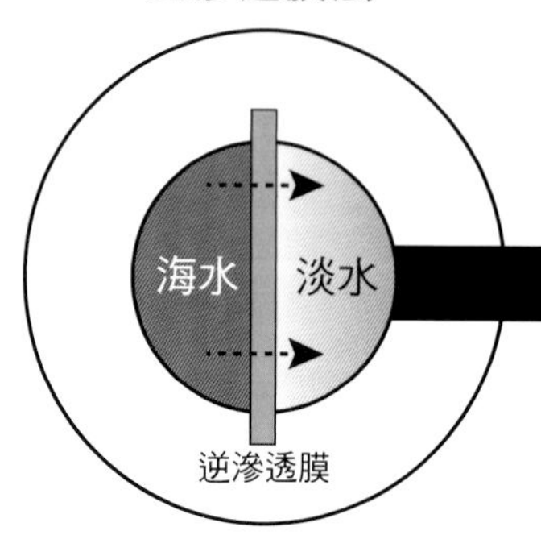


日本企業在這項逆滲透膜的製造技術方面領先全球。產量也占了

也是日本可對世界做出貢獻的技術

此法是利用水所具備的滲透壓性質，以物理方式將海水轉化為淡水。發揮作用的是一種名為逆滲透膜的特殊膜，其價格與性能為一大瓶頸，並不適合大規模生產。近年來，這些問題已獲得改善，連中東各國都開始活用此法。

## 日本主導的膜技術

如今蔚為主流的方法則是使用名為「逆滲透膜」的特殊膜來過濾海水。

只允許一定大小以下的分子通過的膜，即稱為「半透膜」。以這種半透膜隔開濃度各異的液體時，液體會試圖滲透而產生一股從低濃度往高濃度方向移動的壓力。逆滲透膜便是反過來利用這種「滲透壓」的性質製作而成，只要往濃度高的海水施加壓力，便只有海水中的淡水可以通過。日本在這種逆滲透膜的技術方面領先全球，對中東等多個國家的海水淡化有所貢獻。

然而，海水淡化會排出大量的濃鹽水，所以需要開發進階的技術來處理。

# 逆滲透膜的作用為何？

利用水所具備的擴散性質
水會使不同狀態的兩種水合而為一

舉例來說，
如果把分別裝了
熱咖啡與冷水的杯子
互相連接

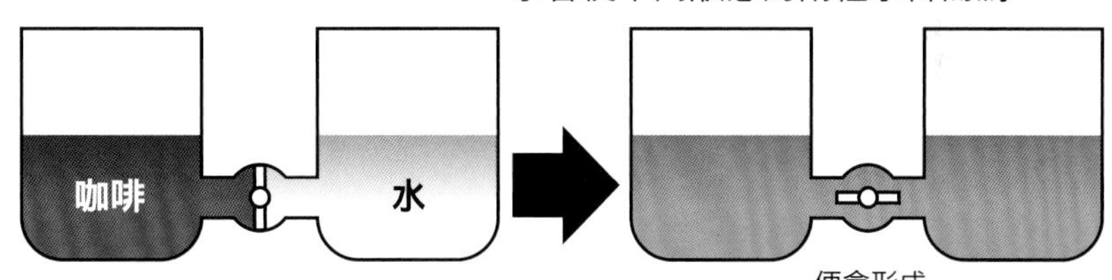


便會形成
濃度與溫度一致的美式咖啡

如果在這中間放入半透膜

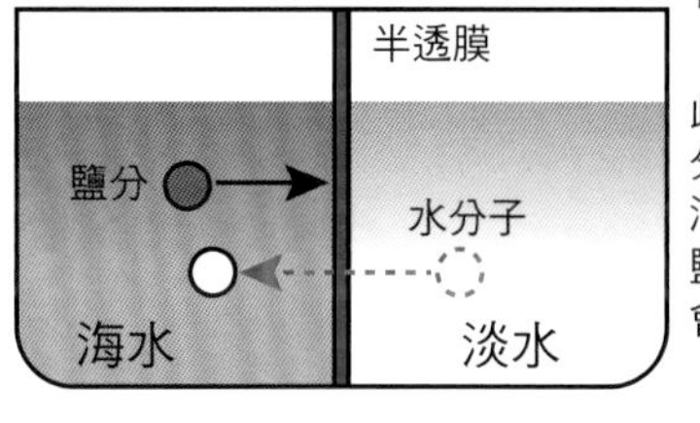


此膜具有選擇性讓周邊的分子滲透過去的特性。以海水與淡水的情況來說，鹽分不會滲透，水分子則會滲透過去

淡水的水分子會逐漸滲透至海水那側

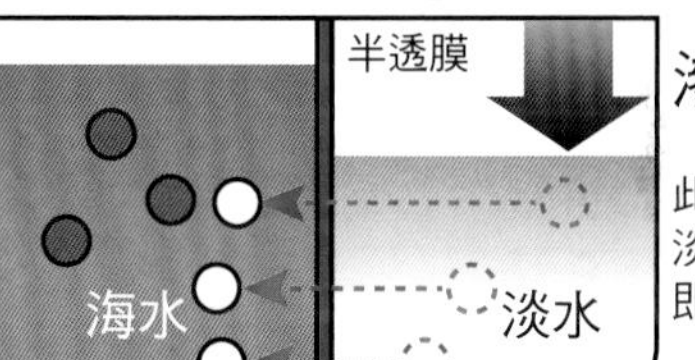


滲透壓

此時施加在
淡水上的壓力
即為滲透壓

因此，這次反過來對海水施加壓力

**水分子會從海水那側滲透至淡水這側**

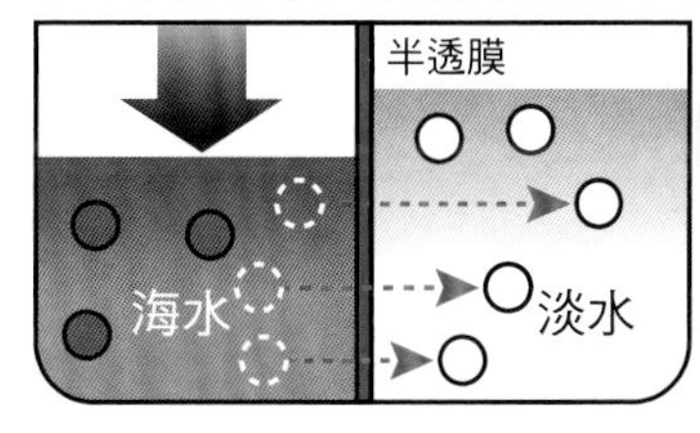


這就是
逆滲透
膜法

逆滲透膜（RO膜）
製水零件組的構造

將逆滲透膜捲成
細圓柱狀來使用

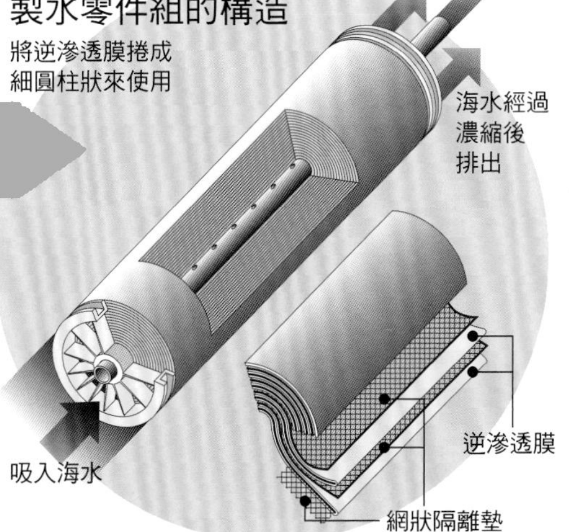


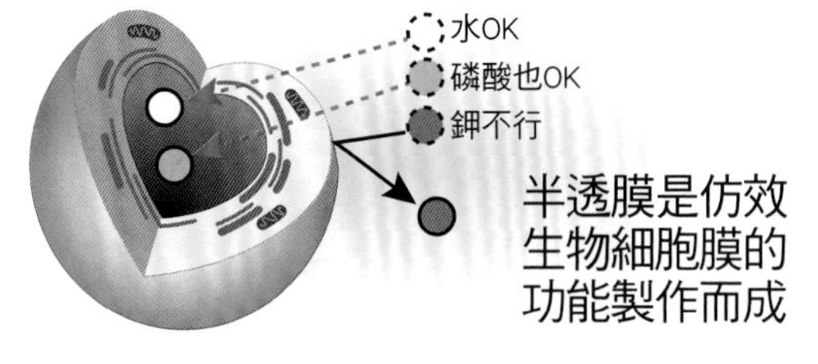


半透膜是仿效
生物細胞膜的
功能製作而成

# 將令發展中國家煩惱的汙水轉化為飲用水的技術

## 日本的水處理技術十分活躍

水資源問題中，最迫切需要解決的便是發展中國家的水資源壓力。聯合國已將「提供所有人安全用水與衛生設施」列為SDGs的目標6，但是目前世界上仍有6億多人只能取得不衛生的水。

在經濟並不富裕的國家中，若要確保可以持續取得安全的水，費用低且易於管理的方法較為理想。為此，有人開發出將髒水輕鬆轉化為淡水的技術，而日本的技術在這種水處理的領域中也十分活躍。

日本信州大學的名譽教授中本信忠致力於推廣「生物淨化法」，此法是透過水中藻

聯合國的目標是在2030年前為所有人提供安全的水

但是要在所有地區興建高額的淨水廠是不可能的

舉例來說，非洲乾燥地區的人們可以引進的系統，是否具備這樣的條件？

- 引進成本低廉
- 易於維護與管理
- 使用成本低廉
- 水費低廉

希望透過日本企業所具備的先進水處理技術做出貢獻

類或微生物的作用來淨化水質。讓水緩慢通過沙子的縫隙來進行過濾的方式，自古以來便以「慢速過濾法」之名為人所知，日本戰前的下水道設施也是採用此法。中本教授著眼於此，並持續將這種任何人都能以簡單設備來淨化水的方法，推廣到亞洲太平洋地區的發展中國家。

山葉發動機公司也研發出同樣採用生物淨化法的小型淨水裝置，目前已進入實用階段。此外，大型水處理企業Metawater也運用獨家技術開發出車載式陶瓷膜過濾系統。從事水質淨化的大阪企業日本Poly-Glu則以納豆菌為基礎，製造出一種可以簡單淨化水的水質淨化劑。

這些技術都已經引進非洲與亞洲的發展中國家，對提供安全的水給當地人們有所貢獻。此外，如今水災頻仍，這些技術也有助於在災害發生時得以確保飲用水，因而備受關注。

## 1 生物淨化法與慢速過濾法

日本信州大學名譽教授中本信忠的研究榮獲了「第21屆　日本水大賞」的「國際貢獻獎」。中本教授在不使用電力與藥品的情況下產出安全的水，並以精簡的設備重現了自然界的生物群淨化水的機制。

生物淨化與慢速過濾的簡圖

原水儲存槽
粗過濾沉砂槽
沉砂槽
沉砂槽
淨水儲存槽
沙（微生物）
沙（微生物）
生物淨化槽

## 2 山葉淨水系統的實用化

山葉公司從1996年開始研發，在寬10m×深8m的空間裡生產2000人的飲用水，並將這種構造精簡且簡易的系統設置於非洲與東南亞各國。進而催生出由當地人配送水等的新事業，並設立了負責營運的水資源委員會等，也有助於提升自治能力。

在印尼、柬埔寨、寮國、緬甸、斯里蘭卡及塞內加爾等地進行了概念驗證，現在已經在非洲10個國家運作中（截至2020年3月）。

照片提供：山葉發動機股份有限公司

## 3 車載式陶瓷膜過濾系統

Metawater股份有限公司的車載式淨水系統所運用的過濾技術，是以自家研發的陶瓷膜來進行過濾，已開始供貨給柬埔寨。

照片提供：Metawater股份有限公司

## 4 日本精密的供水管理技術可對開發中國家有貢獻

東京水道股份有限公司是東京都水道局底下的子公司，活用其累積的水道管理技術，對亞洲各國的水道防漏對策有所貢獻。

# 中村哲醫師將阿富汗
# 已沙漠化的土地轉化為綠地

## 長達35年的人道援助

2019年12月4日發生了一起令人沉痛的事件，日本醫生中村哲在阿富汗遭槍擊身亡。中村醫生帶領著國際NGO白沙瓦會，為政局不穩的阿富汗奉獻服務長達35年。其活動不僅止於醫療方面，還延伸至確保水資源、灌溉事業與農業支援。

中村醫生是在1984年前往位在巴基斯坦國境內、與阿富汗鄰近的城市白沙瓦的醫院赴任，目的是要治療漢生病患。阿富汗在1979年遭到蘇聯軍隊入侵，許多人都逃到了國外。中村醫生為了支援這些阿富汗難民而在阿富汗國內開設了多間診所。

## 修築水渠，打造出綠色大地

蘇聯軍隊於1989年撤退後，政局持續動盪，而且幾乎每年都會發生乾旱。2000年的大乾旱一下子讓缺水的問題更加嚴重。中村醫生目睹了人們喝下不衛生的水而罹患痢疾或霍亂，也看到因作物歉收而飽受飢餓之苦的人們，他確信「藥物治不了飢餓與口渴」，於是展開了鑿井活動。

到2003年為止，已開鑿了約1600座供飲用的水井，以及13座供灌溉用的水井等。並進一步打造水渠來灌溉農地，成功將1萬6500公頃已沙漠化的土地轉化為綠地。這項功績受到肯定而獲得阿富汗總統授予勳章，但在隔年卻發生了悲劇。

## 提供水支援的理想做法

不光是中村醫生，還有1名司機與4名保鑣身亡，但目前都還不曉得犯罪集團的身分與動機。冒著生命危險在紛爭不斷的地方持續提供支援，這是任何人都模仿不來的，但是中村醫生所留下的綠色大地告訴我們，供應維繫生命的水有多麼重要，以及提供水支援的理想做法。

我們需要救命水而非武器!!
阿富汗仍然延續中世紀的政治統治，主要是由6個武裝部落割據。
1979年
蘇聯軍隊入侵
塔吉克族
烏茲別克族
蘇聯對喀布爾共產政權的危機進行干預
努里斯坦人
來自世界各地伊斯蘭國家的義勇軍（聖戰者）展開游擊戰
1989年
蘇聯撤軍
喀布爾
賈拉拉巴德
艾馬克人
哈扎拉族
強大軍閥普什圖人的統治地區
普什圖人
中國
阿富汗
巴基斯坦
尼泊爾
印度
1988年
蓋達組織成立
1994年
塔利班誕生
1996年
塔利班攻占喀布爾
奧薩瑪・賓拉登也曾是義勇軍士兵
中村醫生於1984年至白沙瓦赴任，展開當地的醫療援助
2001年 911事件，同時發生多起恐攻
2003年
多國籍的軍隊進駐，之後便內戰不斷
持續內戰
塔利班政權瓦解
美國扶持的卡爾扎伊臨時政權成立
塔利班組織復活，伊斯蘭國IS也入侵
美國宣布撤軍，阿富汗的治安惡化
阿富汗
喀布爾
賈拉拉巴德
巴基斯坦
庫納爾河
白沙瓦
開伯爾山口
中村醫生所打造的灌溉用水渠
干貝里沙漠
庫納爾河
賈拉拉巴德
中村醫生在此處修築了長達25km的水渠，灌溉1萬6,500公頃的土地
這片大地產出了小麥，讓65萬人得以維生

# 氫能將會成為減碳的終極王牌？

##  氫氣燃燒後不會排放$CO_2$

暖化是造成水資源問題的最主要原因之一。如p50～51所見，自從人類開始燃燒化石燃料而大量排放二氧化碳（$CO_2$）等溫室氣體後，便加速了地球暖化。

如果要阻止暖化，全世界都必須逐漸減少$CO_2$。備受矚目的減碳的手段之一，就是「氫能」。

氫氣燃燒後不會產生$CO_2$。而且地球上的氫氣十分豐富，水自不待言，各式各樣的物質中都含有氫氣。氫能便是將這些氫氣運用在發電等方面。

## 利用水來發電的機制

### 1 利用水來製氫

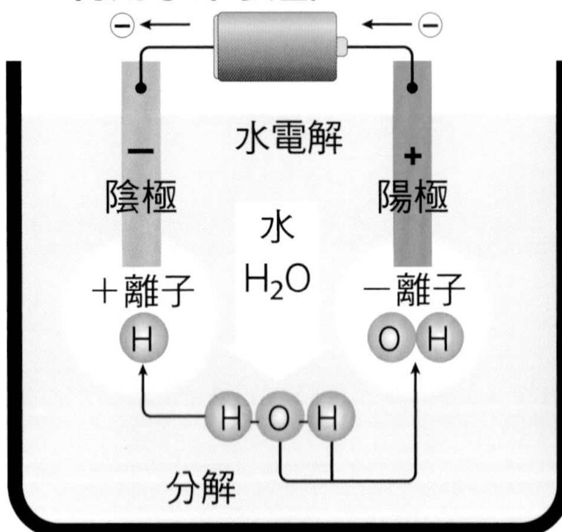


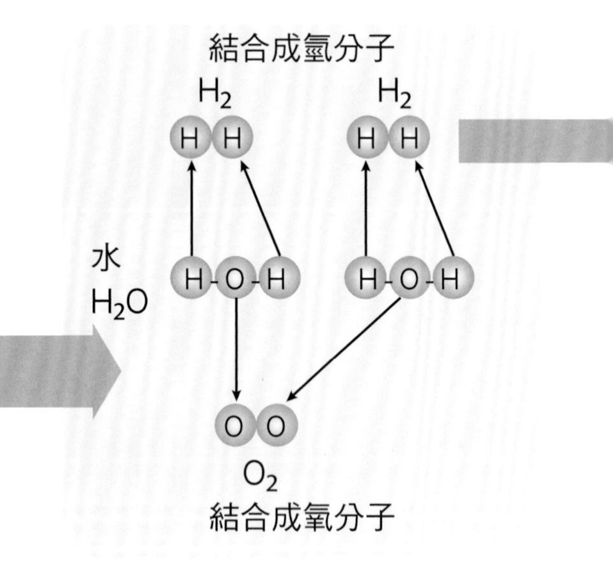


此時所需的電力來自何處？

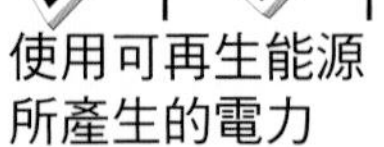

使用可再生能源所產生的電力

### 德國也已經開始推動 Power to gas（電轉氣）

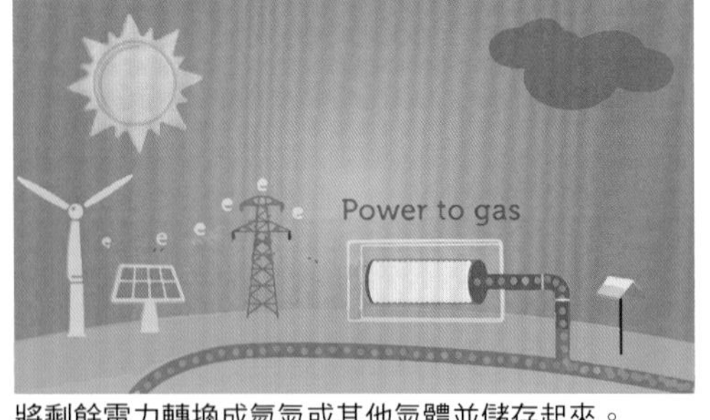


將剩餘電力轉換成氫氣或其他氣體並儲存起來。上面是宣傳活動廣告的畫面之一。

### 亦可從上下水道系統中提取氫氣

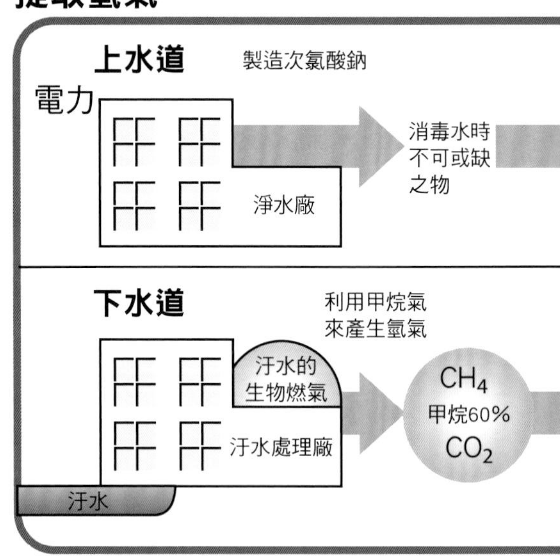

## 利用水來發電

若要從水中提取氫氣，必須施加電力將其分解成氫氣與氧氣，即所謂的水電解。如果此時使用的電力是燃燒石油或天然氣所產生的，仍然會排放出$CO_2$，所以目前正在摸索太陽能或風力等可再生能源的利用方式。

若要以氫氣來產生電力，作法則與上述的水電解相反，必須讓氫氣與氧氣發生化學反應，從中產生電力。此時只會排出水。

如下方所示，氫能的運用方式有兩種。其中一種是氫氣發電，即燃燒氫氣來提取電力。另一種則是燃料電池，儲存電力備用，以便需要之時可以發電。

下一頁將進一步詳細探究，有關氫能的實用範例。

## 2 利用氫氣來發電

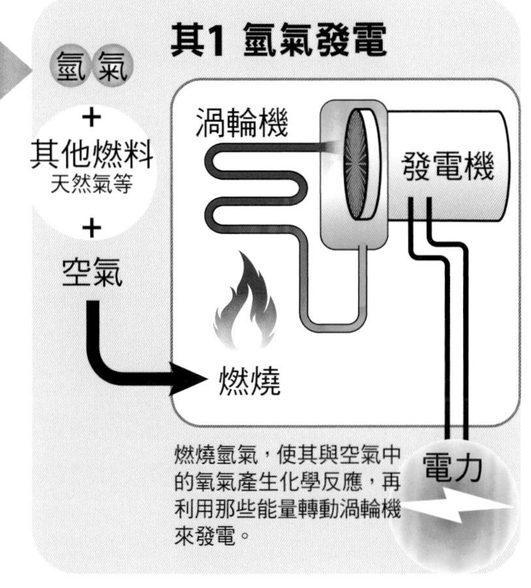


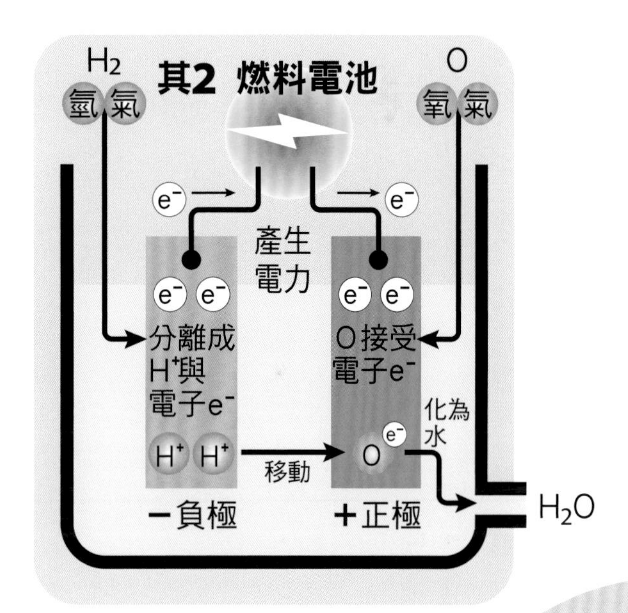


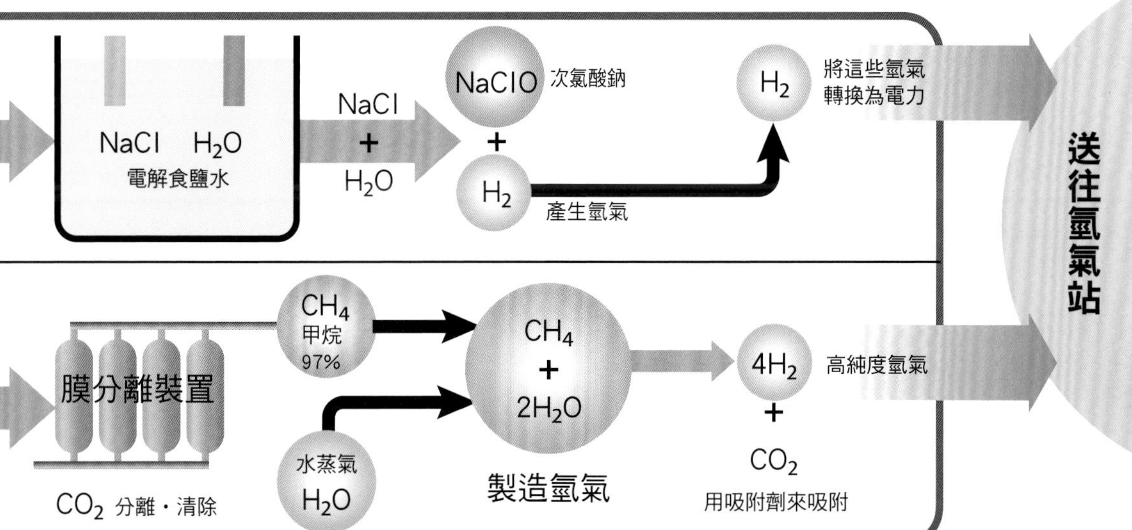

# 可永續的生活方式，氫能社會即將來臨

## 進入實用階段的氫能

氫能的開發已經推動一段時間了，但是因為提取氫氣時需要大量的電力，打造全新系統也所費不貲等 ，導致實用化困難重重。然而，近年來技術快速進步，難題已一一被克服。氫氣被視為不會排放$CO_2$的次世代能源而備受期待，據說在不久的將來便會進入氫能社會。

不光是水，連下水道汙泥、食品廢棄物與家畜排泄物等生物質（從動植物產生的有機化合物），或是一般稱為褐炭的低品質煤炭等，也都含有氫氣。即便是像日本這般資源匱乏而必須進口化石燃料的國家，也可以

實現氫能社會的兩大課題

**1 電解水需要龐大的電力。這些電力來自何處？**

**2 氫氣的液化與運輸成本居高不下**

## 針對1的解決方法

### 試著讓取得氫氣的方法更多樣化

**❶利用可再生能源來進行電解**

**❷從生物質中提取氫氣**

**❸從工業製造所產出的副產物中提取氫氣**

**❹從化石燃料的乙醇中提取氫氣**

**❺從褐炭中提取氫氣**

現在正在評估的方法是：從澳洲目前沒有利用價值的褐炭中產生氫氣，再運送至日本。

## 針對2的解決方法

### 改良儲存與運輸的方式

- **在此之前都是以-253℃的超低溫，將氫氣壓縮成原體積的800分之1來運送。如今已經可以在常溫常壓下運送氫氣。**

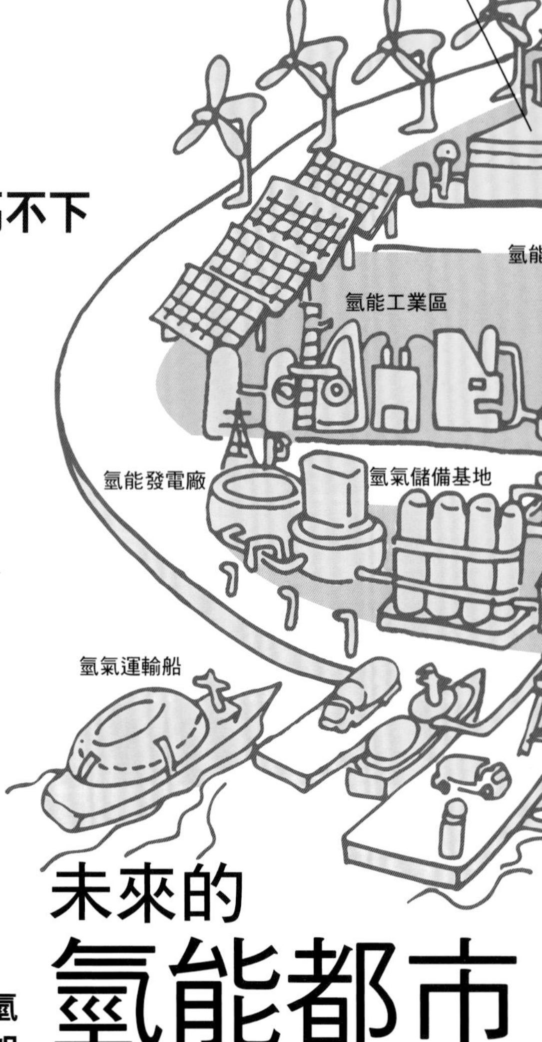


# 未來的氫能都市

實現零碳排社會的各種都市基礎設施

自行生產能源。

## 東京五輪也活用了氫氣

日本已經開始致力於實現氫能社會。家用燃料電池「ENE-FARM」便是其中一例，這是利用從氣體中提取的氫氣來發電。

在2021年舉行的東京奧運中，大會史上首度使用氫氣來點燃聖火台與聖火接力的火炬。選手村周邊則利用福島縣的可再生能源所產生的氫氣來發電、開發靠氫氣行駛的燃料電池車，並整頓氫氣站等來供應這些車輛所需的氫氣。

往後世界各國應該會更進一步推動實現氫能社會的對策。人類如今正為了抑制暖化並避免水資源危機，而努力集思廣益。

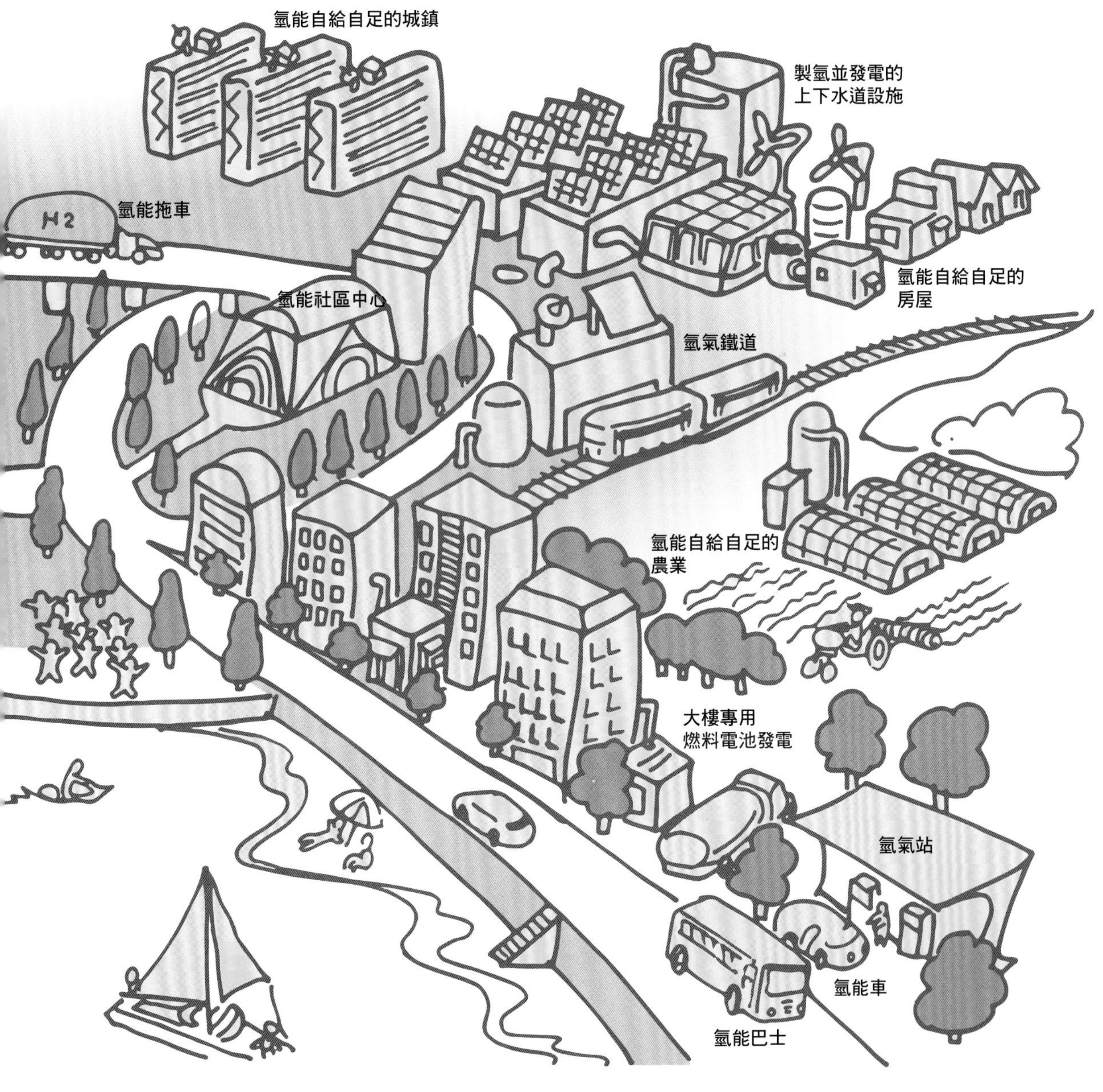

# 為了守護地球的水資源，我們現在所能做的事

## 省水也有減碳之效

全球規模的水資源危機，絕非遙遠他國的問題。世界是經由水彼此相連的。我們能做些什麼來解決水資源問題呢？

舉例來說，即便無法直接幫助飽受缺水之苦的非洲孩童，我們仍可透過捐款的形式來提供支援。更切身一點的做法則是不要用水過度，不把油等髒汙沖進下水道，這些也很重要。上下水道設備是會耗電的，所以節約用水亦可達到減碳之效。

## 在良知消費上多用心

歐美的都市地區，目前正在推廣「不買

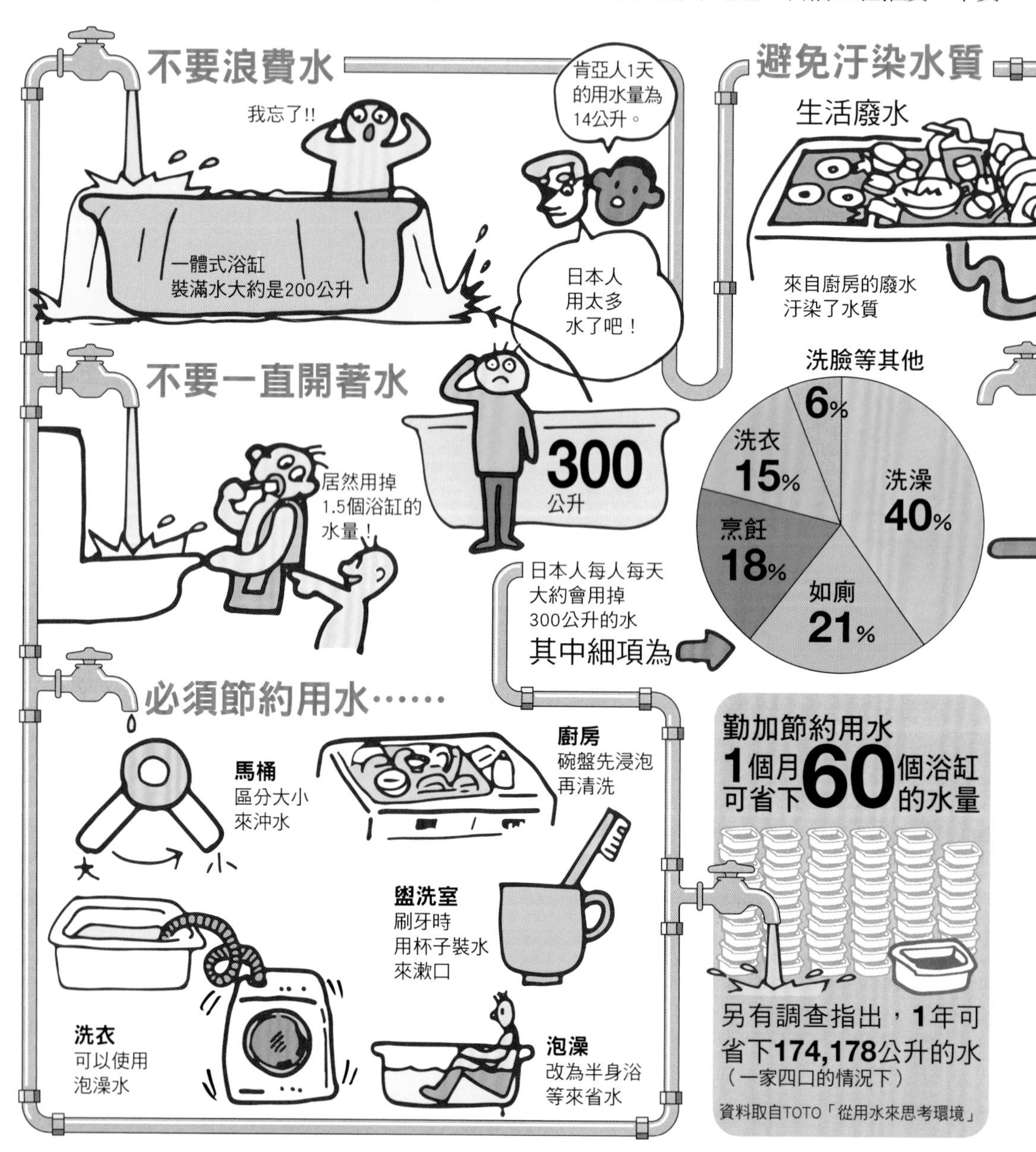

水」運動。這是呼籲「停止購買瓶裝的飲用水，改使用自己的杯子裝水隨身攜帶」的運動。此運動的目的在於減少汙染海洋與河川的寶特瓶垃圾。此外，還有助於防止為了製造大量的瓶裝水而過度破壞水源。

像這樣把產品是在何處生產製造、如何製造、如何被丟棄等都考慮在內，挑選並購買有顧慮到環境或社會的產品，此即所謂的「良知（道德）消費」。舉例來說，考慮到虛擬水問題而購買國產品，或是購買致力於保護水環境或減碳的企業的產品。像這樣用心成為良知消費者，應該也有助於解決水資源問題。

我們每個人所能做的事情很微小，但是為了守護地球的水資源，如今需要世界上每一個人的共同努力。

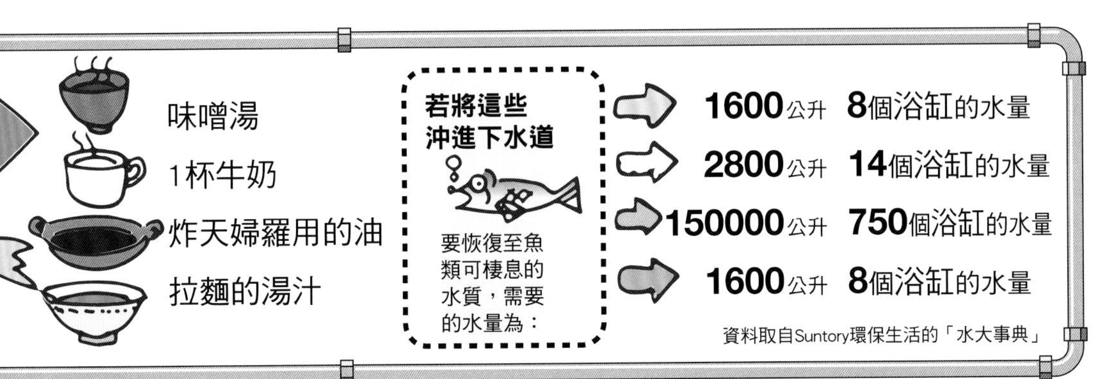

## 結語
# 唯有人類可以解決 人類所引發的水資源問題

日文裡有一句慣用語為「水に流す（付諸流水）」，意思是讓麻煩的紛爭像水一樣流走，就當作不曾發生的事一樣，藉此徹底平息糾紛。

然而，日本人在日本的高度經濟成長期曾因為這種「用水沖走」的做法而犯下大錯。日本將全國工業設施所排放的汙染物質全都「付諸流水」，假裝它們並不存在。結果河川的水被含有重金屬或化學物質的工業廢水與生活廢水汙染，破壞了生態系統，嚴重危害到流域內人們的健康。

出於這些省思，日本人開始以嚴格的基準來實施公害對策，並持續努力改善國土的自然環境。現在有鮭魚或香魚在都市的河川中逆流而上，都是拜這些努力所賜。

然而，因為這樣就安心未免言之過早。我們發現，世界正遭受地球暖化的影響。自200年前英國展開工業革命以來，人類就持續排放二氧化碳。也就是說，人類仍然持續著這樣的行為：不光是水，還把棘手之物「付諸天空」。

地球是一套龐大的水循環系統。而這套系統又與二氧化碳的循環系統密切連動，讓地球的氣候維持在恆定的狀態。現在這套循環系統已經發出警告：將棘手之物「付諸流水」或是「付諸天空」都是行不通的。人類製造的麻煩，只能由人類自己解決。如果辦不到這一點，地球的這套系統會漸漸變成不利人類生存的系統。面對只會讓難題「付諸流水」、留下災害等爛攤子的上一代，年輕一代會感到憤怒也是理所當然的。

SDGs是以2030年為目標，在此之前的10年期間，我們必須做的事不言自明。這也意味著要讓「水に流す」這句日文變成死語。

## 參考文獻

《水の世界地図》(Maggie Black、Jannet King 著，沖大幹監譯，丸善)
《水と人類の１万年史》( Brian M. Fagan 著，河出書房新社)
《気候カジノ 経済学から見た地球温暖化問題の最適解》(William Nordhaus 著，日經 BP 社)
※ 繁體中文版：《氣候賭局：延緩氣候變遷 vs. 風險與不確定性，經濟學能拿全球暖化怎麼辦？》寶鼎
《水の歴史》(Matricon, Jean 著，沖大幹監修，創元社)
《水の未来》(Fred Pearce 著，日經 BP 社)
《渇きの考古学ー水をめぐる人類のものがたり》(Steven Mithen 著，青土社)
《地球温暖化図鑑》(布村明彥、松尾一郎、垣内ユカ里著，文溪堂)
《シルクロードの水と緑はどこへ消えたか？》(日高敏隆、中尾正義編，昭和堂)
《ウォーター・マネーー石油から水へ 世界覇権戦争》(浜田和幸著，光文社)
《ミネラルウォーター・ショックーペットボトルがもたらす水ビジネスの悪夢》
(Elizabeth Royte 著，河出書房新社)
※ 繁體中文版：《別喝瓶裝水 !?：關於瓶裝水的深層省思》商周出版
《温暖化の世界地図》(Kirstin Dow、Thomas Downing 著，丸善)
《日本は世界一の「水資源・水技術」大国》(柴田明夫著，講談社)
《土木と文明》(合田良實著，鹿島出版會)
《イラスト図解 イスラム世界》(私市正年監修，日東書院本社)
《ヨーロッパ交通史 1750-1918 年》(Simon P. Ville 著、文澤社)
《水運史から世界の水へ》(德仁親王著，NHK 出版)
《路地裏の大英帝国 イギリス都市生活史》(角山榮、川北稔編，平凡社)
《ヴィクトリア朝英国人の日常生活 貴族から労働者階級まで 上》(Ruth Goodman 著，原書房)
《地球にやさしい生活術》(John Seymour、Girardet, Herbert 著，TBS-Britannica)
《2030 年の世界地図帳》(落合陽一著，SB Creative)
《地球はなぜ「水の惑星」なのか》(唐戸俊一郎著，講談社)

## 參考網站

● 國際聯合宣傳中心 https://www.unic.or.jp/
● 日本 UNICEF 協會 https://www.unicef.or.jp/
● 日本環境省 http://www.env.go.jp/
● 日本氣象廳 https://www.jma.go.jp/
● 日本經濟產業省・資源能源廳 https://www.enecho.meti.go.jp/
● 日本國土交通省 http://www.mlit.go.jp/
● 日本農林水產省 https://www.maff.go.jp
● JICA 國際協力機構 https://www.jica.go.jp/
● 農研機構 http://www.naro.affrc.go.jp/index.html
● Peshawar-kai http://www.peshawar-pms.com/
● UN Water https://www.unwater.org/
● International Bottled Water Association https://www.bottledwater.org/
● Water Footprint Network https://waterfootprint.org/en/
● Flood Maps http://flood.firetree.net/
● Sustainable Japan https://sustainablejapan.jp/
● Forbes Japan https://forbesjapan.com/articles/detail/31758
● Nautilus Institute https://nautilus.org/
● WIRED https://wired.jp/2015/03/14/flooding-predictions-2030/
● Water Business Journal http://water-business.jp/news/
● 日立評論 http://www.hitachihyoron.com/jp/index.html
● Ancient Rome Library https://anc-rome.info
● mizkan 水文化中心 http://www.mizu.gr.jp/
● Smart Japan https://www.itmedia.co.jp/smartjapan/
● 地球環境研究中心 https://www.cger.nies.go.jp/ja/
● WWF Japan https://www.wwf.or.jp
● 聯合國環境規劃署(UNEP) https://ourplanet.jp
● 日經 Business 世界觀測 北村豐的「中國・北村報導」
(日経ビジネス世界観測 北村豊の「中国・キタムラリポート」)
https://business.nikkei.com/article/world/20060406/101059/
● Record China https://www.recordchina.co.jp
● National Geographic https://natgeo.nikkeibp.co.jp
● Newsweek 日本版 https://www.newsweekjapan.jp/

# 索 引

## —英數字—



## —1～5劃—



## —6～10劃—

## — 11～15劃 —



## — 16～20劃 —



## — 21～25劃 —

**InfoVisual 研究所・著**

以代表大嶋賢洋為中心的多名編輯、設計與CG人員從2007年開始活動，編輯、製作並出版了無數視覺內容。主要的作品有《插畫圖解伊斯蘭世界》（暫譯，日東書院本社）、《超圖解 最淺顯易懂的基督教入門》（暫譯，東洋經濟新報社），還有「圖解學習」系列的《從14歲開始學習 金錢說明書》、《從14歲開始認識AI》、《從14歲開始學習 天皇與皇室入門》、《從14歲開始了解人類腦科學的現在與未來》、《從14歲開始學習地政學》（暫譯，皆為太田出版）等，中文譯作則有《圖解人類大歷史》（漫遊者文化）、《SDGs系列講堂 跨越國境的塑膠與環境問題》（台灣東販）。

| | |
|---|---|
| 企劃・結構・執筆 | 大嶋 賢洋<br>豊田 菜穂子 |
| 插畫・圖版製作 | 高田 寛務 |
| 插畫 | 二都呂 太郎 |
| DTP | 玉地 玲子 |
| 校對 | 鷗来堂 |

**ZUKAI DE WAKARU 14SAI KARA NO MIZU TO KANKYOU MONDAI**

Originally published in Japan in 2020 by OHTA PUBLISHING COMPANY, TOKYO.
Traditional Chinese translation rights arranged with OHTA PUBLISHING COMPANY., TOKYO, through TOHAN CORPORATION, TOKYO.

SDGs 系列講堂 **牽動全球的水資源與環境問題**

**建立永續循環的水文化，**
**解決刻不容緩的缺水、淹水與汙染問題**

2022 年 7 月 1 日初版第一刷發行

著　　者　InfoVisual 研究所
譯　　者　童小芳
主　　編　陳正芳
美術編輯　竇元玉
發 行 人　南部裕
發 行 所　台灣東販股份有限公司
　　　　　<地址>台北市南京東路 4 段 130 號 2F-1
　　　　　<電話>（02）2577-8878
　　　　　<傳真>（02）2577-8896
　　　　　<網址> http://www.tohan.com.tw
郵撥帳號　1405049-4
法律顧問　蕭雄淋律師
總 經 銷　聯合發行股份有限公司
　　　　　<電話>（02）2917-8022

國家圖書館出版品預行編目（CIP）資料

SDGs系列講堂 牽動全球的水資源與環境問題：建立永續循環的水文化，解決刻不容緩的缺水、淹水與汙染問題 / InfoVisual研究所著 ; 童小芳譯. -- 初版. -- 臺北市 : 臺灣東販股份有限公司, 2022.07
96 面 ; 18.2×25.7 公分
譯自 : 図解でわかる14歳からの水と環境問題
ISBN 978-626-329-276-5（平裝）

1.CST: 水資源 2.CST: 水資源保育

554.61　　　　111008071